D1697597

Mannfried Pahlow
Der Sohn des Schulmeisters

MANNFRIED PAHLOW

Der Sohn
des Schulmeisters

Eine Kindheit in Pommern

EUGEN SALZER VERLAG HEILBRONN

© Eugen Salzer-Verlag, Heilbronn 1993
Alle Rechte vorbehalten
Umschlaggestaltung: Klaus Pohl
unter Verwendung eines Fotos von Hans Joachim Kürtz;
© Hans Joachim Kürtz
Satz und Druck: Offizin Chr. Scheufele, Stuttgart
Printed in Germany. ISBN 3-7936-0323-7

Woher stamme ich?
Ich stamme aus meiner Kindheit,
wie aus einem Land. . . .

A. DE SAINT-EXUPÉRY

Meinen Enkeln

Julia Niklas
Hella Niklas
Philipp Seelinger
Vera Seelinger

EIN WORT ZUVOR

Es war kurz vor Ostern. Zwei Enkelkinder, damals sieben und neun Jahre alt, waren zu Besuch da. Draußen schien warm die Vorfrühlingssonne, die Vögel flogen eifrig im Garten umher, Schneeglöckchen blühten, und auch Krokusse zeigten sich schon. Bei solch herrlichem Wetter saßen die Kleinen vor dem Fernseher und sahen sich einen Trickfilm an.

»Ja seid ihr denn von allen guten Geistern verlassen, daß ihr bei diesem Wetter vor dem Fernseher sitzt?« fragte ich mit einem Ton in der Stimme, der Unverständnis, Mitleid und sogar ein wenig Verzweiflung durchklingen ließ. Die Mädchen hatten mein Entsetzen wohl bemerkt, denn die älteste der beiden meinte, es dauere nicht mehr lange, dann sei der Film zu Ende und sie würden in den Garten gehen. Ich wollte wissen, was sie da zu tun gedächten. Beide schauten sich ein wenig verlegen an und zuckten mit den Achseln, bis nach einer Weile die Jüngere meinte, sie wollte ihr elektronisch gesteuertes Auto auf der Terrasse fahren lassen.

Mir fielen die lustigen Ballspiele aus meiner

Kindheit ein, das Murmelspiel, der Kreisel und all die vielen anderen Spiele ohne Technik und Elektronik. Ich erinnerte mich an Erich und unsere selbstgeschnitzten Schiffe aus Kiefernborke und nicht zuletzt an die »Flötpiep«, die aus Weidenzweigen selbst hergestellte Pfeife, die von Jahr zu Jahr immer besser ausfiel; ich sah mich beim Bau der Osternester, hörte das Kreischen der Kreissägen, roch das frische Brot am Backtag und sah den ersten Storch, wie er über dem kleinen Dorf in Hinterpommern kreiste, bevor er sein angestammtes Nest auf Piepers Scheunendach bezog.

Es nahm kein Ende, was mir alles einfiel, und ich rief die Enkel zu mir, ihnen davon zu erzählen. Mal sehen, dachte ich, ob meine Geschichten interessant genug sind, die Kleinen zu fesseln. Schüchtern fast begann ich zu erzählen. Nach etwa einer halben Stunde meinte ich, es sei wohl genug und hörte auf.

»Opa, weißt du noch eine solche Geschichte? Bei euch muß es aber schön gewesen sein«, so die Ältere, und die Kleine meinte, wenn ich nichts anderes mehr wüßte, dürfte es ruhig nochmal dasselbe sein.

Muß ich es extra sagen, wie ich mich dabei fühlte?

Natürlich erzählte ich weiter, nicht nur das Schöne, denn das wirkliche Leben war oft hart und mühevoll. Aber auch davon konnten sie nicht genug bekommen, so daß in mir der Entschluß reifte: Ich schreibe die Geschichten meiner Kindheit auf.

Auch von meinen beiden anderen Enkeln (ich habe vier) wurde ich gebeten, »von damals« zu erzählen, und wenn ich mich manchmal wiederholte, erzählten sie weiter, als wären sie selbst dabei gewesen, damals vor mehr als sechzig Jahren.

Als ich ihnen von der strengen Erziehung berichtete, vom »gelben Onkel«, dem Rohrstock, mit dem wir Kinder gezüchtigt wurden, von der Zucht in der Schule und dem absoluten Gehorsam, der uns abverlangt wurde, von der Unmöglichkeit, einem Erwachsenen zu widersprechen, da machten sie große Augen, und ich beeilte mich, wieder schönere Erlebnisse einzuflechten, wie z. B. das Maikäferschütteln in den Riegen, den Schulausflug an die Ostsee, das Schlittenfahren im Winter. Und wenn ich gar vom großen Kachelofen mit den köstlichsten Bratäpfeln in der Röhre schwärmte, schien den beiden beinahe das Wasser im Mund zusammenzulaufen, so lebendig wurde die Vergangenheit in unserer Mitte.

Stimmt der Rat wirklich, daß man erst den Enkeln erzählen darf, was man als Kind getan, ge-
dacht oder geträumt hat, oder muß man Opa
werden, um wirklich gut erzählen zu können?
Vielleicht trifft beides zu.
War früher nun eine bessere Zeit? In mancher
Hinsicht wohl, doch sei nicht vergessen, daß
man damals an einer einfachen Blinddarmentzündung sterben konnte. Dennoch, die Zeit ist
es wert, an sie erinnert zu werden, von denen,
die sie erlebt haben, die in ihr aufgewachsen
sind. Das ist bestimmt wertvoller, als das, was
später Historiker darüber schreiben.

Mannfried Pahlow

MEINE ELTERN

Der Ort, in dem ich geboren wurde, war ein kleines Bauerndorf in Hinterpommern; an der Grabow gelegen, einem Nebenfluß der Wipper, die nach etwa zwanzig Kilometern in die Ostsee mündete. Seinen Namen, Martinshagen, soll es nach dem heiligen Martin erhalten haben.

Mein Vater war dort der Lehrer. Er war ein waschechter Preuße, mit allen Vor- und Nachteilen des preußischen Charakters. Auch er war gebürtiger Hinterpommer, Bauernsohn und, was in der Tat nicht alltäglich war, preußischer Reserveleutnant, der im Krieg 1914 / 18, dem ersten Weltkrieg, verwundet und mit dem eisernen Kreuz erster Klasse ausgezeichnet worden war. Das alles trug sicher dazu bei, daß er sich noch preußischer gab, als es seinem Wesen entsprach. Sein Leutnantpatent verschaffte ihm Zugang zum pommerschen Landadel, was sonst nur Akademikern, Land- und Regierungsräten, Pastoren und Ärzten vorbehalten war. Der Dorfschullehrer in Martinshagen war etwas, und seine Schule, das war sein Ehrgeiz, mußte mustergültig sein. Folglich ließ die Erziehung seiner eigenen Kinder und die der ihm anvertrauten Dorfkinder in der einklassigen Schule an Strenge und Disziplin nichts fehlen. Um aus ihnen »tüchtige Leute« und treue Staatsdiener zu machen, bediente er sich fleißig des Rohrstokkes, eines damals durchaus legitimen Erziehungshilfsmittels. Zuverlässigkeit, Gewissenhaftigkeit und Verantwortungsbewußtsein waren drei der wichtigsten Tugenden, die er seinen Schülern einimpfte, und daß ohne Fleiß kein Preis zu erringen sei, lernte bei ihm jeder sehr schnell; spätestens nach den ersten, schmerzhaften Striemen auf dem Allerwertesten.

Von meinem Vater wird im folgenden noch recht oft die Rede sein; beherrschte er doch viele Jahre hindurch mein Leben. Selbst heute, fast 60 Jahre später, handele ich oft noch genau so, wie er es mich gelehrt hatte. Manche dieser Tugenden sind heute aber wenig gefragt; oftmals sind sie sogar ein Ärgernis für die Mitmenschen.

Meine Mutter, die mich am 21. Januar des Jahres 1926 kurz vor Mitternacht bei eisiger Kälte und heftigem Schneetreiben zur Welt brachte, habe ich nie richtig kennengelernt, vertrat sie doch überall die Ansichten meines Vaters. Auch war sie zu »tüchtig«, um Zeit für häusliche Wärme übrig zu haben.

Sie entstammte einem größeren, gut geführten Bauernhof in Martinshagen.

Bauernhöfe dieser Größenordnung wurden in Hinterpommern auch ohne das spätere »Erbhofgesetz« nicht geteilt. Der Erstgeborene bekam den Hof, die jüngeren Brüder erlernten ein ehrsames Handwerk, wurden Berufssoldaten, traten in den Staatsdienst ein oder wurden Lehrer oder Pastoren. Und die Töchter schickte man in ein Internat, wo man sie so ausbildete, daß sie ideale Beamten-, Offiziers-, Lehrers- oder Pastorenfrauen wurden. Meine Mutter hatte ein solches Internat besucht. Auch die Mitgift, als Deputat oder Bargeld, war den Herren dieser Berufe nicht nur sehr willkommen, sondern auch ungemein nützlich, weil der Staat seine Diener recht dürftig bezahlte. Wer daher eine wohlhabende Bauerntochter zur Frau nahm, wenn gar noch aus Liebe, konnte sich glücklich schätzen, denn er war weitgehend unabhängig.

Es gab eine Redewendung, die in Pfarr- oder Lehrerhäusern immer dann gebraucht wurde, wenn es galt, eine gute Nachricht zu kommentieren. Man sagte dann: »Das ist ja fast so gut, als wenn einem zehn Bauern guten Tag sagen.« Damit deutete man die Abhängigkeit mittelloser Lehrer oder Pastoren von der Gunst der Bauern an. Gefielen sie, war das Guten-Tag-Sagen zumeist mit einer Schlachtschüssel, einer Gans, einem fetten Suppenhuhn, einem Sack Kartoffeln oder gar mit Brennholz für den Winter verbunden; gefielen sie aber nicht, war es schwer für sie, ihre Familien durchzubringen. Mein Vater gehörte zu den weitgehend unabhängigen Lehrern, denn die Mitgift seiner Frau stützte den Haushalt ausreichend. Außerdem war meine Mutter noch ungemein tüchtig. Sie konnte wirtschaften, und das Dienstmädchen, das sie sich hielt, lernte bei ihr die perfekte Haushaltsführung. Ich erinnere mich an ein »Schulbeispiel«, welches meine Mutter immer wieder vorbrachte und das auch später meine Frau als Lebensweisheit von ihr aufgetischt bekam. Das war der Umgang mit dem Butterpapier: Wer dieses nach dem Auspacken der Butter nicht mit dem Messerrücken gut abstreifte, verschwende bereits nach dreimaliger Wiederholung das Fett für eine große Pfanne voll Bratkartoffeln. »Es sind die Kleinigkeiten, die zu Wohlstand führen«, pflegte sie bis zum Überdruß zu zitieren.

Hierzu ist aber wohl für die jüngeren Leser eine Anmerkung nötig, nämlich die, daß man damals die Butter nur in Kilopaketen einkaufte, daß es keine Kühlschränke gab und daß folglich

14

(besonders im Sommer) am Butterpapier nach
dem Auspacken eine durchaus nennenswerte
Menge Butter hängenblieb.

Suche ich nach einem Adjektivum, das außer
dem Wort tüchtig meine Mutter noch charakte-
risieren könnte, so scheint mir »resolut« das
treffende Wort zu sein. Sie hat sich überall be-
hauptet.
Figürlich paßte sie weniger gut zu meinem großen, schlanken und doch kräftigen Vater, war sie
doch etwa 15–20 cm kleiner als dieser und dazu
reichlich mollig; doch beides störte sie nicht;
und offensichtlich meinen Vater auch nicht.

MEINE GEBURT
UND DIE MONATE DANACH

Meine Ankunft im Lehrerhaus war ein freudiges Ereignis, denn ich war, wie man das so schön sagte, bestellt. Daß ich ein Junge war, das sprach natürlich für mich, weniger jedoch die Vorhersage der Hebamme, daß man es schwer haben würde, mich durchzubringen und großzuziehen. Ich war ihr wohl zu »mickrig«.

Hinterpommersche Söhne hatten robust und kräftig zu sein. Neun Pfund als Geburtsgewicht galten als die unterste Grenze. Beides traf bei mir nicht zu. Groß und stark war ich nicht; wohl eine Enttäuschung für meinen Vater. Aber es gab doch etwas, das den Mangel an Kraft und Gesundheit ausgleichen könnte: überdurchschnittliche Intelligenz. Und die versuchte mein Vater nun schnellstens bei mir zu entdecken. Schon am zweiten Tag nach meiner Geburt hielt er mir seine Taschenuhr »vor die Nase«, ließ sie hin und her pendeln, um zu beobachten, ob meine Augen ihr folgten. Solche und ähnliche Tests waren üblich, um die Funktion der Sinnesorgane bei Neugeborenen zu prüfen, aber ich sollte das alles schon viel früher können als an-

dere Kinder. Und dabei muß ich gut abgeschnitten haben, denn mein Vater bemühte sich weiterhin unermüdlich, dem erhofften Genie in mir
zum Durchbruch zu verhelfen.

Die Hebamme hatte recht behalten; ich war
wirklich schwer groß zu kriegen, vertrug nach
dem Abstillen die Kuhmilch nicht, war häufig
erkältet, lag sommers wie winters oft mit Fieber
im Bett, und wenn im Dorf Windpocken, Ma-
sern, Röteln, Mumps oder andere Kinderkrank-
heiten auftauchten, hatte ich sie sofort; noch
dazu mit größter Heftigkeit. Halsweh, Augen-
entzündungen und Schnupfen, Husten oder
Bauchweh gab es zwischendurch natürlich auch
noch. Doch alles ging, wenn auch oft erst nach
längerer Zeit, komplikationslos vorüber. Und
dann war mir wohl, »pudelwohl« sogar. Der
Schal um den Hals, das vorbeugende Husten-
bonbon im Mund gehörten allerdings lange Zeit
zu mir, wie auch der Lindenblütentee, der Zwiebelsaft und das heiße Fußbad am Abend.

ERICH
MEIN ERSTER UND BESTER FREUND

Es war ein Glück für mich, daß ich sehr bald einen richtigen Freund fand, mit dem ich spielte, mit dem ich unser kleines Dorf eroberte und mit dem ich »Platt« sprach, wie die anderen Dorfkinder auch. Erich und ich waren in den folgenden Jahren unzertrennlich.

Erichs Eltern hatten eine kleine Landwirtschaft. Sie waren Büdner, wie man solche Höfe nannte; mit einem Pferd, zwei Kühen, zwei Schweinen, Stallhasen, Hühnern, Enten und Gänsen. Um das Leben zu meistern, mußten auch die Kleinen mithelfen, so gut sie es konnten. Und dabei half ich Erich gerne.

Wir machten aus der Arbeit ein Vergnügen, wo auch immer es möglich war. Im Sommer die beiden Kühe die Feldraine abgrasen zu lassen, war weniger amüsant, doch wenn wir das Pferd am Roßwerk im Kreis herumführen mußten, spielten wir Karussell. Einer von uns trieb das Pferd an, und der andere saß auf dem hinteren Balkenende und fuhr im Kreis herum. Ein Roßwerk gibt es schon lange nicht mehr. Damals war es das Antriebsaggregat der Kleinbauern;

eine einfache Sache, um Maschinen anzutreiben. Das Pferd bewegte sich im Kreis, und diese Energie wurde über Zahnräder und Gestänge weitergeleitet, zur Dreschmaschine, zur Häckselmaschine oder anderen landwirtschaftlichen Geräten. Auf Guts- oder Großbauernhöfen gab es für diese Zwecke das Lokomobil, eine Dampfmaschine, oder später die Elektromotoren.

Eine andere Arbeit, die Erich und ich gerne erledigten, war das Verteilen und Festtreten des eingebrachten Heus in der Scheune. Es war immer wieder lustig, nach Herzenslust in dem duftenden Heu herumzutoben. Die Aufgabe, die wir zu erledigen hatten, das Festtreten, erledigte sich dabei ganz von alleine. Allergien kannten wir nicht; dieses Leiden gehört wohl zu den » Errungenschaften « der Neuzeit.

Allzuviel Arbeit wurde aber von Erich nicht verlangt; es blieb noch genug Zeit zum Spielen übrig. Und wenn wir frei hatten, schnitzten wir uns Schiffe aus Kiefernborke, die wir auf einem kleinen Bach, der durch den Gemüsegarten hinter Erichs Wohnhaus langsam dahinlief, schwimmen ließen. Dort bauten wir Schleusen, waren Ingenieure oder Schiffskapitäne auf hoher See. An Phantasie fehlte es uns wahrlich nicht; und gelangweilt haben wir uns nie.

Sehr gerne spielten wir auch mit gleichaltrigen Mädchen aus der Nachbarschaft Ball. Es war immer ein besonderes Ereignis, wenn die Irma oder die Hanni einen neuen, bunten Ball geschenkt bekamen, der so eigenartig roch; nach Gummi und Lack. Gerüche faszinieren mich noch heute. Rieche ich einen frischen Wiesenkerbel, so tauchen Erinnerungen an damals auf, denn dieses Doldengewächs gab es in Hinterpommern überall. Und sehe ich auf dem Markt gelegentlich mal einen solchen »Lackball«, so muß ich daran riechen. Habe ich einen Begleiter bei mir, so muß sich der, ob er will oder nicht, meine Geschichte von damals anhören.

Unsere Ballspiele, die wir vornehmlich an einer glatten Giebelwand ohne Fenster ausführten, waren abwechslungsreich und erforderten viel Geschicklichkeit. Wer nicht sicher, und in jeder Stellung, fangen konnte, der war rettungslos verloren. Wir Jungen übten heimlich, um den Mädchen ja nicht unterlegen zu sein.

Wenn es Abend wurde, und die größeren Kinder, die zu Hause mehr eingespannt waren, auch frei hatten, fanden sie sich auf dem Dorfplatz ein, um »Trünnelknüppel« zu spielen. Heute nennt man so etwas wohl Landhockey. Da durften wir Knirpse, wie uns die Großen nannten,

noch nicht mitspielen, aber uns genügte das Zu-
schauen auch.

Das allerliebste Spiel für Erich und mich war das
Taschentuchfliegenlassen. Dazu brauchte man
außer einem Taschentuch viel Wind, oder noch
besser Sturm, woran wir in Hinterpommerns
Küstennähe besonders im Herbst oder Frühjahr
kaum Mangel hatten. Wir warfen unsere Ta-
schentücher hoch in die Luft, wo sie vom Wind
erfaßt und weit weggetragen wurden. Wir liefen
dann mit lautem Geschrei hinterher, um sie zu
erhaschen.

Das Laufen war halt so schön, besonders dann,
wenn wir hinter einer alten Fahrradfelge herlie-
fen, die wir mit gekonntem Trick vor uns her-
trieben. Dabei fühlten wir uns als Rennfahrer,
nannten uns Stuck oder Caracciola und rasten
»mit 80 Sachen in die Kurve«.

HÖHEPUNKTE ZU JEDER JAHRESZEIT

Die heute so verbreitete Langeweile, die dazu führt, daß sich Kinder stundenlang vor den Fernsehapparat setzen, die kannten wir damals gewiß nicht. Jede Jahreszeit hatte ihre Höhepunkte, die wir ganz bewußt erlebten, die sich alle Jahre wiederholten, ohne sich abzunutzen. Wenn der Winter vorbei war, kreischten in allen Höfen die Kreissägen, denn jetzt war die Zeit, das Brennholz für den nächsten Winter zurechtzuschneiden und zu zerhacken. Alle waren beschäftigt, und wir Kinder bauten das zerkleinerte Holz zu kunstvollen Türmen auf, die dann majestätisch den Holzhof beherrschten. Sie waren so angelegt, daß das Brennholz den Sommer über gut austrocknen konnte.

Etwas später dann, zu der Zeit, da die Säfte in Bäumen und Sträuchern zu steigen begannen, kurz vor dem Laubausbruch, hatten wir Kinder Jahr für Jahr ein ganz besonderes Vergnügen. Wir stellten aus Weidenzweigen Pfeifen her, auf denen man richtig flöten konnte. Diese Kunst zu erlernen, immer bessere »Instrumente« zu fabrizieren, beschäftigte uns wochenlang. Ich will versuchen, zu beschreiben, wie eine »Flötpiep« richtig hergestellt wird.

Wen das nun absolut nicht interessiert, der möge eine Seite auslassen, denn ich kann mir das Vergnügen, hierüber zu schreiben, nicht versagen.

Man benötigt einen möglichst geraden und glatten Zweig einer Weide, mit nur wenigen Blattknospen, weil diese bei der Flötenherstellung hinderlich sind. Lange wurde gesucht, bis einige geeignete Zweige gefunden waren. Auch die Dicke dieser Zweige spielte eine Rolle. Sie durften weder zu dick noch zu dünn sein. Richtig war die Dicke des Zeigefingers einer erwachsenen Frau. Der Zeigefinger eines pommerschen Mannes war zu dick. Ja, wir nahmen es sehr genau damit.

Dieses Zweigstück wurde an der dickeren Seite schräg abgeschnitten, so, daß es wie das Mundstück einer Blockflöte aussah. Vier bis sechs Zentimeter dahinter wurde nun der Zweig rundherum so tief eingeschnitten, daß die Rindenschicht durchtrennt war.

Jetzt begann der schwierigste Teil des Unternehmens. Das Rindenstück mußte unversehrt als Röhre vom Holz geschoben werden. Verständlich, daß das nur gelingen konnte, wenn zwischen Holz und Rinde genügend Saft vorhanden war. Durch geschicktes Beklopfen wurde das

Ablösen erleichtert. Wir aber taten noch mehr, wir steckten den Teil in den Mund und speichelten ihn rundherum ein, bevor wir das Beklopfen mit dem Messergriff begannen. Unter Aufsagen bestimmter Zaubersprüche, die alle zum Inhalt hatten, die Flötpiep möge glatt abgehen (Flötpiep go glatt aff) klopften wir dann, unter Drehen und Wenden geduldig daraufherum. Die Unterlage beim Beklopfen der Rinde war unser Oberschenkel kurz über dem Knie. Alle kleinen Jungen hatten an dieser Stelle ihrer Hose einen auffallenden Fleck, der aber von den Müttern toleriert wurde. Wenn wir nun glaubten, genug geklopft zu haben, drehten wir die Rinde vom Holz.

Was nun kam, war nur noch ein Kinderspiel. Zunächst wurde die Rinde wieder auf das Holz gesteckt und durch sie hindurch eine Kerbe ins Holz geschnitten. Dann wurde die Rinde erneut abgezogen und dicht hinter der Kerbe das Holz durchgeschnitten. Die Rundung dieses Pfropfens wurde abgetragen; und fertig war der vordere Teil der Flöte. Steckt man jetzt das Ganze wieder zusammen, und zwar so, daß zwischen dem Pfropf und dem hinteren Zweigende ein freier Raum bleibt (Klangkammer), so erhält man eine mehr oder weniger voll klingende Flöte. Tag für Tag und Jahr für Jahr wurden unsere Fertigkeiten immer besser. Wir übten so lange, bis der Säftefluß der Weiden allmählich abnahm und diesem Spiel ein natürliches Ende setzte.

Im frühen Frühling kamen auch die Störche, ohne die ein Dorf in Hinterpommern nicht vorstellbar war, aus dem Süden zurück. Ein bedeutendes Ereignis. Natürlich waren es wir Kinder, die den ersten Storch hoch oben in den Lüften entdeckten, der, weite Kreise ziehend, langsam einschwebte, um sich auf dem Scheunendach in seiner Wohnung, dem großen Klapperstorchennest, niederzulassen. Dann klapperte er erst einmal kräftig, um allen Dorfbewohnern zu sagen, daß Freund Adebar und mit ihm der Frühling eingezogen sei. Fortan aber benahm er sich so, als ob er niemals »verreist« gewesen wäre; ging auf Nahrungssuche in die Wiesen und stolzierte anmutig in seinem Revier auf und ab. Und wir sangen:

Auf unsrer Wiese gehet was, watet durch die Sümpfe,
Es hat ein schwarzweiß Röcklein an und trägt rote
    Strümpfe,
Fängt die Frösche Schnapp-schnapp-schnapp,
Klappert lustig Klapperdiklapp, wer kann das
    erraten?

Einige Tage später kam dann die Frau Störchin, wurde von ihrem Gemahl freudig durch Geklapper begrüßt, dankte ihm durch langes Geklapper ihrerseits, und dann machten sich beide an den Ausbau und die Renovierung des Nestes, welches von Jahr zu Jahr höher und stattlicher wurde.

Pittelkow's Storch war immer der erste, aber auch Piepers, Knaaks und Tietzens hatten ein Storchennest auf ihrem Dach. Erst wenn auch deren Störche da waren, waren wir zufrieden.

Fortan gehörten die Störche auf den Wiesen, in den Auwäldern und auf den Feldern zum gewohnten Bild. Der vornehme Gang, die aufrechte Haltung beim Stehen, oft auf einem Bein, vor allem aber der Flug, leicht und schön, eingeleitet durch einige kräftige Sprünge, beeindruckten uns immer wieder.

Etwa drei Wochen nach der Ankunft legte Frau Störchin das erste Ei und in kurzen Abständen noch zwei oder drei dazu. Einer der beiden Störche saß immer auf den Eiern, während der andere Wache hielt und Nahrung herbeischaffte.

Futter gab es für die Störche bei uns genug; nicht nur Frösche, sondern alles, was so ein Storchenherz begehrt, wie Würmer, Kerbtiere, Schleichen und Schnecken.

Nach etwa einem knappen Monat schlüpften die

Jungstörche. Beide Eltern kümmerten sich um die Aufzucht, und sobald die Kleinen ein wenig über den Nestrand schauen konnten, begrüßten sie die futterbringenden Eltern mit zärtlichem Geklapper. Nach weiteren zwei Monaten verließen die Jungen das Nest, übten vom Nestrand oder dem Dachfirst aus ihre Schwingen, und gingen bald ihrer Wege. Nur nachts kehrten sie anfangs noch zum Nest zurück.

Um Jakobi herum (Ende Juli / Anfang August) zogen unsere Störche wieder gen Süden. Zum Abschied umkreisten sie noch mehrmals das Dorf, um im nächsten Frühjahr erneut zu uns zu kommen. Störche gehörten nun mal zu Hinterpommern.

Der Frühsommer war die Zeit der »Flitzebögen«, die wir uns natürlich auch selber herstellten. Benötigt wurde ein kräftiger Ast, der sich ohne zu brechen biegen ließ. Die beiden Enden wurden mit einer Schnur umwickelt, die dann so angezogen wurde, daß der Ast gespannt war. Als Pfeile wählten wir kräftiges Schilfrohr, das unten eingekerbt, oben aber mit einem Holunderstück beschwert wurde. Es galt nun den Bogen so zu spannen, daß der Pfeil möglichst weit flog. Unser Wettschießen war hauptsächlich ein Weitschießen.

Das Spielen hörte dann auf, wenn wir wieder arbeiten mußten. Wir Kinder konnten bei der Heu-, Getreide- oder Kartoffelernte durchaus nützlich sein, doch empfanden wir diese Tätigkeiten nicht als Arbeit, sondern erfreuten uns an den Mahlzeiten, die, um Zeit zu sparen, auf dem Feld unter freiem Himmel eingenommen wurden. Da hatte sogar ich Appetit, der ich sonst als schwacher Esser meiner Mutter Sorgen machte.

Bei Regenwetter fanden unsere Aktivitäten in den Stallungen, hauptsächlich auf dem Hof von Onkel Siegfried, dem Bruder meiner Mutter, statt. Wir liebten den Kuhstall ebenso wie den Pferdestall und die dazu gehörigen Futterkammern. Dort spielten wir Verstecken. Die Knechte und Mägde mochten uns und ließen uns gewähren. Wenn die Kühe gemolken wurden, bekam Erich eine große Tasse Milch, kuhwarm, wie er sie ganz besonders mochte. Ich hingegen vertrug keine Kuhmilch.
Wenn nach der Getreideernte auch der zweite Heuschnitt eingefahren worden war, trieben alle Bauern ihre Kühe auf die Wiesen, und die größeren Kinder waren die Hütejungen. Diese wiederum suchten sich unter den »Steppkes« gerne einen oder zwei Gehilfen aus, die einer Kuh

nachliefen, die sich plötzlich von der Herde ent-
fernte, die Kartoffelkraut herbeiholten, um ein
Feuer anzumachen, und die sie bewundern
mußten, wenn sie verbotenerweise eine Zigarre
rauchten. Erich und ich wurden gerne ange-
nommen, und uns machte es großen Spaß, besonders wenn wir einen Hütejungen erwisch-
ten, der auch für unser Vergnügen sorgte. Das
bestand aus allerlei Mutproben: Springen über
breite Sumpfgräben, Balancieren über einen
schmalen Grabensteg, Reiten auf einer Kuh und
ähnlichen Dingen. Und gegen Abend, etwa
zwei Stunden vor dem Nachhausetrieb, wurden
Kartoffeln im offenen Feuer am Spieß gebraten,
die ganz besonders gut schmeckten.

Auf den Wiesen, beim Kühehüten, wurden auch
»Schiedbüssen« hergestellt. Ich weiß nicht einmal, ob ich das Wort richtig geschrieben habe,
aber so klingt es mir noch im Ohr. Immer wenn
es Herbst wird, fällt mir nach 60 Jahren noch die
»Schiedbüß« ein, und das Vergnügen, das uns
diese selbstgemachte Knallbüchse aus Holunder
damals bereitet hatte. Auch deren Herstellung
muß ich beschreiben, denn sonst kann sich der
Leser nichts darunter vorstellten. Bitte auch hier
eine Seite überblättern, wenn es nicht interessiert.

Man benötigte ein etwa 15 bis 20 cm langes Aststück eines Holunderstrauches mit einem Durchmesser von 3 bis 4 cm. Mittels eines Drahtes oder einer Eisenstange wurde das Holundermark ausgedrückt oder ausgezogen, so daß eine Röhre entstand. Aus Buchen- oder Lindenholz schnitzten wir in mühevoller Kleinarbeit den » Stecker «, der aus einem Kopf und einem Stiel bestand. Der Stiel mußte so dick sein, daß er gerade in die Lichtung der Holunderröhre paßte; nicht zu stramm, und nicht zu locker. Die Stiellänge war ein wenig länger als die Röhre. Das war schon alles, doch es dauerte manchmal Tage, bis alles paßte. Um zu schießen klopften wir in beide Öffnungen ein konisch zugespitztes Stück eines » Rübenstrunkes «, des Teils der Rübe, in dem die Blätter entspringen, setzten unseren Stecker an einem Ende an und drückten den Stielkopf gegen den angespannten Bauch. Die Luft in der Holunderröhre wurde zusammengepreßt und trieb, von einem heftigen Knall begleitet, den vorderen Pfropf hinaus. Der flog meterweit davon.

Auch mikadoähnliche Spiele schnitzten wir unter Anleitung der Hütejungen, um uns damit im Winter die Zeit zu vertreiben.

Der Winter in Hinterpommern brachte viel Schnee. Wir Kleinen rodelten oder bauten

Schneemänner. Meist war es schon dunkel, wenn wir nach Hause kamen, aber noch zu früh, um ins Bett gesteckt zu werden. Dann war der Spielplatz für Erich und mich das Schulzimmer. Dort war es warm und gemütlich, interessant und auch geheimnisvoll. Wir spielten mit Bauklötzen, bauten Burgen und besetzten sie mit Zinnsoldaten. Auch Bilderbücher erregten unsere Aufmerksamkeit, und auf der großen Wandkarte unternahmen wir weite Reisen. Ganz besonders interessierte uns das Realienbuch, ein dickes Buch mit zahlreichen erklärenden Abbildungen, aus dem die größeren Schüler Naturkunde lernten. Dort sahen wir, wie eine Lokomotive funktioniert, wie eine Klingel arbeitet, wie eine Tulpenblüte gebaut ist oder wie der Mensch von innen aussieht. Obwohl wir beide noch nicht lesen konnten, verstanden wir, oder bildeten es uns ein, alles, was darin stand.

An manchen Winterabenden durften wir auch den Nachbarn, Herrn Wilke, besuchen. Er war schon recht alt, war früher einmal Bürgermeister gewesen und lebte seit dem Tod seiner Frau mit dem Hund Pfiffi allein in seinem Haus. Er freute sich wohl über unseren Besuch, der ihm das Alleinsein im Winter erträglicher machte. Im Sommer beschäftigten ihn seine Bienen und ein großer Garten.

Uns hatten es seine wunderbaren Versandhaus-
kataloge angetan, mit vielen bunten Bildern
darin. Hübsche Kleider, warme Pullover für Er-
wachsene und Kinder, Hosen, Mäntel und
Schuhe, Stiefel und Sandalen, Küchengeräte,
Nähmaschinen und Spazierstöcke, Regen-
schirme und Lampen waren darin abgebildet
und zum Schluß Taschenlampen, Fahrräder und
Jagdwaffen. Während wir darin blätterten, saß
Herr Wilke in seinem großen Ohrensessel und
sah uns zu. Oft schenkte er uns auch Dörrpflau-
men, Rosinen oder Nüsse; meistens aber duftende Bratäpfel aus der Röhre seines großen Ka-
chelofens. Während wir aßen, rauchte er eine
lange Pfeife mit einer hübschen Quaste daran
und erzählte uns Geschichten aus der Zeit, in der
er ein kleiner Junge war und die so ganz anders
war, wie er meinte. Auch von Kriegen war dabei
die Rede, und die waren wahrlich anders als die
Materialschlachten bei Verdun. Er nannte sie so,
aber damals konnten wir uns nichts darunter
vorstellen.
Das Schönste in seiner Wohnstube war ein riesi-
ger Kachelofen, den er nie ausgehen ließ; außer
im Sommer.
Ein Kachelofen war in hinterpommerschen
Wohnstuben das wichtigste Inventar, weil es oft
bissig kalt wurde. In manchen Wintern fiel die

Temperatur wochenlang unter 20 Grad. Da brauchte es schon einen guten Kachelofen, wollte man nicht frieren. Groß und mächtig stand er da; weiß, grün, grau oder braun, und oftmals mit reichen Verzierungen versehen. Immer hatte er eine Bratröhre, die mit einer glänzenden Messingtüre verschlossen werden konnte. Diese Bratröhre beherbergte die begehrten Bratäpfel. Unten befand sich das große Feuerloch, welches mit zwei Türen verschlossen war. Davor war auf dem Fußboden das Feuerschutzblech angebracht.

Das Heizen dieser Kachelöfen war eine Kunst und fand am Abend statt. Zunächst wurde mit Papier und wenigen Kienspänen (aus Kieferwurzeln) ein kleines Feuer entfacht, auf das man alsdann trockenes Buchenholz in kleinen Scheiten legte, um später immer größere und knorrige Stücke nachzulegen, bis das Feuerloch ganz damit ausgefüllt war. Es bullerte, knackte und prasselte, daß es eine Freude war. Die Flammen erhitzten die Kacheln des ganzen Ofens, die man dann nicht mehr anfassen konnte, ohne sich zu verbrennen. Bei geschlossener Innentür wartete man ab, bis das Holz zu einer Holzkohlenglut heruntergebrannt war, um dann Briketts nachzulegen. Die Zahl der Briketts war nach Ofengröße und der Größe des Zimmers, das beheizt werden sollte, genau festgelegt. Nur an ganz besonders kalten Wintertagen, wenn Schneestürme über das Land fegten, durfte mehr verbraucht werden. Sobald die Briketts glühten, wurde auch die Außentür des Ofenlochs geschlossen; bis auf einen ganz ganz kleinen Spalt. Die Glut hielt auf diese Weise fast bis zum nächsten Abend, und der Ofen war immer wohlig warm, so daß in der Bratröhre Bratäpfel schmoren konnten.

Ich kann mich nicht erinnern, auch nur einmal eine leere Bratröhre gefunden zu haben. Die Äpfel darin wurden immer ergänzt. Man brauchte damit auch nicht zu geizen; Äpfel gab es in Hinterpommern genug. Jeder Garten hatte mehrere Apfelbäume, und sogar beidseits der Landstraße wuchsen sie. Aber der Kachelofen hatte für uns Kinder noch eine andere Funktion: er wärmte schnell und nachhaltig unsere kalten Füße, die wir vom Rodeln, Schlittschuhlaufen oder Schneemannbauen immer mit nach Hause brachten.

Kalte Füße galten bei uns als sehr gefährlich für unsere Gesundheit, und Mutter kontrollierte sie oftmals ganz unvermittelt. Wehe, wenn sie kalt waren.

» Den Kopf schön kühl, die Füße warm,
Das macht den klügsten Doktor arm «,

war ein Spruch, der mir aus früher Kindheit in Erinnerung geblieben ist.

Ein ganz besonders großer Kachelofen stand auch im Schulzimmer. Das allabendliche Anheizen, das unser Hausmädchen besorgte, faszinierte mich immer aufs neue. Das Bullern und Prasseln, das Knacken und Spratzen und die gelbroten Flammen im Ofenloch gaben mir ein Gefühl der Geborgenheit; und wenn Herta, unser Hausmädchen, während der Wartezeit, gar noch alte Dorfgeschichten erzählte, von Wolfsrudeln, vor denen man damals nie sicher war, war es mir unaussprechlich wohl. Danach machte es mir wenig Kummer, wenn ich ins Bett geschickt wurde. Den Löffel voll Zwiebelsaft für meine Gesundheit schluckte ich mit Todesverachtung, doch ohne Auflehnung. Es hätte doch nichts genützt, dieser Saft beugte Erkältungen vor.*

* Heute weiß ich es, daß das nicht nur Humbug war. Es gibt Beweise für die Wirksamkeit.

DER ERNST DES LEBENS
KÜNDIGT SICH AN

Im Januar feierte ich meinen 5. Geburtstag mit Freund Erich und einigen Vettern aus Göritz und zwei etwas älteren Mädchen eines Lehrerkollegen meines Vaters. Mein Vater hatte sie eingeladen, ihre Eltern zu begleiten. Anfangs fanden Erich und ich das gar nicht so lustig, doch sie kannten einige interessante Spiele mit Nüssen, die uns Spaß machten. Geschenke waren damals, im Winter, Apfelsinen, in einem bedruckten Seidenpapier einzeln eingewickelt. Meistens war ein Mohr darauf, und wenn es ganz wertvolle Apfelsinen waren, dann hatten sie rotes Fruchtfleisch und wurden Blutapfelsinen genannt. Kokosnüsse und Trumpf-Vollmilch-Schokolade mit gestickten Blumen als Zugabe, wurden auch gerne mitgebracht. Wertvolle Sachgeschenke gab es kaum. Zum Mittag standen Kartoffelpuffer mit Apfelmus und viel Zucker auf dem Tisch. Ein Geburtstagsessen, das es überall gab, wo Kinder Geburtstag feierten. Zum Kakao dann wurde Streußelkuchen gereicht, und zum Abend aß man Bratkartoffeln mit gebratener Blutwurst in dicken Rollen

(Trünneln), Preßkopp (Schweinssülze) oder sauer eingelegtes Gänse- oder Entenklein.

Aber für mich gab es an diesem Tag noch eine ganz besondere Überraschung. Beim Abendessen eröffnete mir mein Vater, daß er entschlossen sei, mich an Ostern einzuschulen; versuchsweise, versteht sich, denn ich war gerade erst fünf Jahre alt geworden. Man könne ja immer noch aufgeben, wenn es nicht klappen sollte. Wer meinen Vater kannte, der wußte, daß es kein Zurück geben würde; und damit war meine Kindheit beendet.

Ich hingegen sah das nicht, freute mich unsagbar über diese Mitteilung, denn ich wußte, daß Erich, der ein gutes Jahr älter war, auch zur Schule mußte. Und so fieberte ich dem Osterfest entgegen.

OSTERN UND VIELES DRUMHERUM

Warum mir auf das Stichwort Ostern gerade Onkel Siegfrieds Backhaus und das Brotbacken einfällt, ist schnell erklärt. Unter dem Backstrauch, welches vor dem Backhaus auf einer ungenutzten Wiese gelagert wurde, gab es Tausende gelber und weißer Narzissen, duftende Märzveilchen, Gundermann und Günsel und natürlich auch noch Schneeglöckchen, die größere Art, die genaugenommen Frühlingsknotenblume genannt werden müßte. Milchsterne, Goldsterne und Scharbockskraut gesellten sich dazu. Niemand konnte sie vorher sehen, doch wenn am Backtag das lockere Backstrauch gebraucht wurde, standen sie da. Anfangs noch etwas bleich, weil sie wenig Licht bekamen, doch nach wenigen Sonnentagen gesund und leuchtend. Eine Blumenpracht, die sich nicht beschreiben läßt.

Der Backtag selber war natürlich auch immer ein besonderes Ereignis, zumal kurz vor Ostern. Brot und die derberen Backwaren, die Stuten, Napfkuchen und Zöpfe wurden in Hinterpommern von jeder Bauersfrau selber gebacken, etwa in Abständen von 3 bis 5 Wochen. Das steinerne Backhaus gehörte zu jedem Bauernhof. Es lag zumeist ein wenig abseits, war ein Haus mit einem Giebel, einem Vorraum und dem mit Stein und Lehm ausgekleideten Backofen. Eine große Öffnung und ein noch viel größeres Inneres zeichneten ihn aus. Ein Kamin sorgte für den Zug und die Entlüftung.

Am Backtage nun wurde das ganze Innere des Ofens mit trockenem Backstrauch, das aus allerlei Ästen und Zweigen bestand, vom Obstbaumschnitt oder aus dem Wald stammend, ausgefüllt. Der kräftige Zug erleichterte das Entzünden und sorgte für ein schnelles Verbrennen der Zweige und Äste, die von Zeit zu Zeit immer wieder nachgelegt wurden, bis der Ofen aufgeheizt war. Dies zu erkennen, oblag der Bäuerin oder der Küchenmagd. Mit einem Schieber wurde dann die Asche zur Seite gekehrt, verblieb aber, mit noch glühenden Teilchen im Backofen, in den nun die bereits in der Nacht vorher bereiteten Brotlaibe eingeschoben wurden. Mittels allerlei Proben stellten die Backfrauen fest, wann das Brot gar war. Dann wurde es mit langen Schiebern herausgeholt, um im Vorraum in Regalen auszukühlen.

Erst jetzt fegte man mit besonderen Besen den immer noch heißen Ofen sauber, denn nun ka-

men die Stuten (Weißbrote), Napf- und Blech-
kuchen an die Reihe. Wir Kinder warteten und
hofften, daß für unsere Küchlein (in Tassen und
Emaille-Töpfen) noch Platz war. Das ganze
Backhaus war voller Wohlgeruch nach frischem
Brot und Kuchen.

Der Bäcker aus dem Nachbarort kam zwar alle
Woche einmal ins Dorf, verkaufte aber fast nur
an die Kinder Schnecken und Amerikaner, Zuk-
kerwaffeln oder Plätzchen. Brot wurde er nur in
sehr bescheidenem Maße los, zur Überbrük-
kung bis zum nächsten Backtag.

Mit den Bauernbroten konnte schon damals
kein Bäcker konkurrieren, und Semmeln oder
Kuchen eigneten sich nicht für eine gesunde und
kräftige Ernährung. Der Landmann mußte hart
arbeiten und brauchte derbe, gehaltvolle Kost.
Neben Kartoffeln war das Brot das wichtigste
Nahrungsmittel; natürlich mit Schmalz und
Wurst drauf.

Ostern war in Hinterpommern ein ganz besonderes Fest. Es lebten noch viele Bräuche, die
wichtig und ernst genommen wurden. Wir Kinder glaubten zum Beispiel fest und unerschüt-
terlich an den Osterhasen, der Hühnereier be-
malte, Zucker- und Schokoladenhasen herstellte
und auch winzige Kücken aus Marzipan mit

Schokoladenanstrich, aus Zucker, Schokolade oder aus Kuchenteig für uns fertigte.

Für seine Mühe verlangte er von uns ein kunstvolles, weiches Nest, welches wir ihm bauen mußten; draußen, an einer von Regen und Wind geschützten Stelle. Wir begannen mit der Umzäunung, schnitten aus Buchenholzscheiten kleine Stecken, die wir an einem Ende anspitzten, um sie dann in die Erde zu klopfen. Das war eine harte Arbeit, denn kreisrund sollte das Osternest werden. Es sollte gerade so groß sein, daß es genügend Ostergaben fassen konnte, durfte aber nicht so groß ausfallen, daß uns hätte Unbescheidenheit vorgeworfen werden können.

Darauf besonders zu achten, hatten uns die Mägde beigebracht, und die mußten es schließlich wissen. So saßen Erich und ich dann vor unseren Nestern und überlegten lange, ob auch alles bedacht sei. Erich baute sein Nest neben das meine. Es erschien ihm so sicherer, daß es der Osterhase auch findet. Und das war es auch wohl.

Ob ihm das seine Mutter aufgetragen hatte oder ihn seine Bescheidenheit dazu veranlaßte, weiß ich nicht zu sagen, aber der Durchmesser seines Nestes war immer ein wenig geringer als bei mir. Zuerst wurde der Nestboden ausgelegt.

Zunächst mit feiner Holzwolle, die wir das ganze Jahr hindurch schon gesammelt und aufgehoben hatten. Darüber kam etwas ganz trockenes, weiches Moos und ganz obenauf eine dünne Schicht bunter Osterwolle. Die gab es zu kaufen, wie zu Weihnachten Lametta für den Christbaum. Aber wir haben unsere Osterwolle von Jahr zu Jahr aufgehoben und immer wieder verwendet. Wenn wir uns die fertigen Nester kritisch betrachteten, waren sie zumeist zu klein geraten. Dann ging der Nestbau noch einmal ganz von vorne los, bis wir meinten, daß es so recht sei. Aber um ganz sicher zu gehen, zeigten wir es der Herta vor. Die war ja schon sechzehn Jahre alt und hatte Erfahrungen.

Wenn diese Arbeit erledigt war, gingen wir in den Wald, um eine Osterrute zu schneiden. Das waren ganz stachelige, frische Wacholderzweige. Mit denen durften wir am Ostermorgen die Langschläfer wecken. Die Betroffenen hatten die Wahl, sich mit der Osterrute »stiepen« zu lassen oder sich freizukaufen, durch einen kleinen Geldbetrag, der dann für besondere Fälle unser Taschengeld bildete. An diesem Osterbrauch hatte ich jedoch wenig Freude.

Gerne holte ich aber mit den Mägden von Onkel Siegfrieds Bauernhof das Osterwasser. Das war ungemein lustig und spannend. Man durfte dabei nämlich kein einziges Wort sprechen, sonst ging der Osterzauber verloren. Das Wasser mußte vor Sonnenaufgang geschöpft werden, und zwar aus einem sauberen, fließenden Gewässer. Bei uns war es die Grabow, die sich durch die Wiesen schlängelte und ein ungemein reiner Fluß war. Seine Ufer waren jedoch steil, und das Wasserschöpfen mühsam. Einer schöpfte, und der andere hielt diesen an der Hand, daß er nicht in den Fluß fiel. Sprechen war verboten, so daß die Sache wirklich abenteuerlich war. War alles überstanden, gingen wir mit den Mägden schnell nach Hause, weil diese melken mußten oder in der Küche das Osterfrühstück zuzubereiten hatten. Eile war geboten. Das wußten auch die jungen Burschen im Dorf, die durch allerlei Schabernack versuchten, die Rückkehr zu verzögern, vor allem aber das Schweigen zu stören. Oft gelang das in allerletzter Minute, und das »Osterwasser« verlor seine Wirkung. Sonst hätte es den jungen Mädchen eine samtige, reine und gesunde Haut beschert, wenn sie sich darin gewaschen hätten. Doch es mußte ehrliches »Osterwasser« sein und kein »Plapperwasser«.

Wir Kinder hatten nun nichts Eiligeres zu tun, als nach unseren Osternestern zu schauen. Und die waren randvoll mit den schönsten Sachen. Groß war der Jubel, groß die Freude, und jeder zeigte dem anderen, was er Schönes gefunden hatte. Dabei machte ich eine interessante Entdeckung, die mir damals sehr zu denken gab. In Erichs Nest waren weniger Schokoladeneier und dafür mehr Zuckerzeug als bei mir. Warum hatte der Osterhase zwischen uns beiden unterschieden? Zugegeben, Erich freute sich riesig über sein Nest, und heute weiß ich, daß es bei ihm zu Hause fast leer geblieben wäre. Doch mich schmerzte es so sehr, daß ich mit ihm tauschte: Ein Schokoladenei gegen ein Zuckerei, bis die Sachen gerecht verteilt waren, was meiner Mutter nicht so sehr gefiel.

An Ostern, soweit meine Erinnerung reicht, war immer schönes Wetter bei uns, und der Osterspaziergang ein großes Vergnügen.

Diesmal nun war Ostern ein besonderes Osterfest, sowohl für Erich als auch für mich. Wir wurden ja nach den Osterferien Schüler. Am zweiten Ostertag bekamen wir unseren Schulranzen, die Schiefertafel mit einem Lappen und einem Schwamm, den Griffelkasten mit schönen Griffeln und eine Aluminiumdose für das Pausenbrot. Für Erich war das alles wichtig. Er hatte einen Schulweg, er brauchte einen Ranzen, doch ich wohnte im Schulhaus. Das war eine schmerzliche Angelegenheit, zumal ich von größeren Kindern wußte, was man auf dem Schulweg so alles anstellen konnte. Darüber sprach ich mit Erich. Abhilfe wußte der auch nicht. Der Vorschlag meiner Mutter, mit dem Schulranzen auf dem Rücken einige Male um das Schulhaus zu gehen und erst dann ins Klassenzimmer, gefiel mir nicht sonderlich, doch praktizierte ich diesen Schulweg einige Male; so lange, bis der Reiz, einen Schulranzen zu tragen, vorbei war.

VON JETZT AN WAR ALLES ANDERS

Zu meinem Vater sagte ich in der Schule Herr
Lehrer, und der Herr Lehrer nahm sich meiner
ganz besonders an. Ich mußte immer der Erste
sein; und das war hart. Der Erste war ich auch,
wenn geprügelt wurde. Der Herr Lehrer wollte
sich nicht nachsagen lassen, er verschone seinen
Sproß, und die Folge davon war: Ich bekam
mehr Prügel als nötig. Auch außerhalb der
Schule wurde so manches Vergnügen, das ich
mit meinem Vater teilte, jetzt Dienst. Ich hatte
ihn gerne zur Jagd begleitet, war mit ihm an die
Grabow gegangen, wenn Entenzeit war; mit
ihm auf Hasen, Karnickel, Fasanen und Rebhühner ausgezogen und hatte zur Halbzeit die
Mutter an bezeichneter Stelle erwartet, die uns
Stuten mit Butter brachte, um den großen Korb
wieder mit Wildbret gefüllt nach Hause zu tra-
gen. Oft gab es dann zum Abendessen frische
Rebhühner. Neben den Stuten hatte Mutti in einer Thermosflasche echten Kaffee für Vati und
Malzkaffee für mich dabei. Auch die Zigarre für
Vati fehlte nie, und selbst der Jagdhund, unsere
Kora, bekam einen Leckerbissen. Ein beliebter

Treffpunkt war der sogenannte Ortkeller, eine Stelle am Waldrand mit einem großen Stein. Ich liebte und genoß unser mittägliches Zusammensein in der freien Natur, denn diese Treffen waren so etwas wie ganz intime Familienzusammenkünfte, an denen niemand anderer teilnahm. Selbst Erich war nicht mit dabei, und (– das erscheint mir jetzt recht merkwürdig –) darüber sprach ich auch nicht mit ihm.

Mein Vater war ein leidenschaftlicher Jäger und er setzte alles daran, die jährlich neu zu verpachtende Gemeindejagd zu erhalten. Es gelang ihm immer. Und der Wildreichtum war ungeheuer. An der Grabow, an den toten Armen, die von der Regulierung übriggeblieben waren, gab es verschiedene Enten. Die Kartoffelfelder und Rübenäcker beherbergten Rebhühner in so großer Zahl, daß ein Schrotschuß, aus einem durch Kora im rechten Augenblick hochgejagten Volk, gelegentlich sogar drei Hühner herausholte. Fasanen waren zwar etwas seltener, Hasen reichlich und überreichlich Karnickel. Sie lebten zu Hunderten in ihren Löchern in den Sandhügeln der Kiefernwälder, daß sie, um sie nicht überhandnehmen zu lassen, mit Hilfe eines Frettchens gejagt wurden. Und Rehböcke wurden pro Jahr mehr als zehn erlegt. Mein Vater beobachtete sie lange, bis er sich entschloß, einen Bock zu schießen. An all diesen Unternehmungen war ich schon als ganz kleiner Junge beteiligt, und es war wunderschön. Mein Vater, die Kora und ich, wir gehörten auf der Jagd zusammen.

Als ich nun Schüler geworden war, da war diese Zeit vorbei. Natürlich war ich weiterhin dabei, natürlich nannte ich Vater da draußen nicht Herr Lehrer, und doch war alles anders. Auf dem Weg an die Grabow, auf dem Weg zum Ortkeller, auf dem Weg in den Wald, der früher schweigend zurückgelegt worden war, wobei jeder von uns sich freute über all das, was es zu schauen gab, fragte mein Vater mich jetzt ganz unvermittelt nach Rechtschreibregeln, nach dem kleinen Einmaleins und nach anderen Dingen, die mir so gar nicht gefielen. Anfangs nur wenig, später dann immer mehr, so daß die Jagd zu einem schulischen Privatissimum ausartete, und je nachdem wie anstellig oder flüchtig ich war, wurde die Rast angenehm oder ungemütlich. Es lag an mir, ob wir uns zusammen freuten oder nicht. Das war zu viel, und wenn es mein Vater merkte, dann sagte er zur Beschwichtigung:

»Es soll doch mal was Anständiges aus dir werden ... oder willst du lieber Schweinehirt werden?«

Schweinehirt war wohl die unterste Stufe in der Ansehenskala, aber manchmal wünschte ich mir, lieber ein Schweinehirt zu werden, als die Quälereien meines ehrgeizigen Vaters weiterhin ertragen zu müssen. Ich begann ihn zu hassen; ihn, die Jagd und alles, was er tat, und versuchte mich ihm zu entziehen, jedoch mit wenig Erfolg. Er befahl mich zu sich, und da war jeglicher Widerstand sinnlos.

Erich, ein stilles Plätzchen auf der Weide an einem kleinen Bach, wurden die Zuflucht, in der ich in meiner Welt lebte, ohne Ehrgeiz, ohne Grammatik und ohne Einmaleins. Dort träumte ich und war zufrieden. Dort weinte ich auch, denn zu Hause durfte ich es nicht.
Erziehung zur Härte war auch ein Ziel, das mein Vater verfolgte. Zwei Beispiele dafür will ich erzählen, dann soll es genug sein; meine Kindheit hatte nämlich trotzdem sehr glückliche Tage.

Daß geprügelt wurde, sagte ich schon. Und damit das auch recht wirkungsvoll verlief, gab es ein bestimmtes Ritual dafür.
»Komm mal her, mein Sohn!«
Dieser Ruf ging der Strafe voraus. Dann folgte die Belehrung und die Weisung, den »gelben Onkel« zu holen. Der »gelbe Onkel« war ein

handlicher Rohrstock. Eben diesen übergab ich meinem Vater, der mir befahl, mich so zu bük-ken, daß die Finger bei durchgedrückten Knien, den Boden berührten. Je nach Schwere des Ver-gehens bekam ich dann zwei bis fünf Stock-schläge auf den strammen Po. Danach übergab mir mein Vater das Foltergerät »gelber Onkel«, damit ich es aufräume. Erst danach war Weinen (Heulen) erlaubt.

Nach Auffassung meines Vaters mußte jeder Junge, war er erst einmal sechs Jahre alt, das Schwimmen erlernen. Keine schlechte Sache an sich, doch *wie* er es mir beibrachte, entsprach ganz seiner besonderen Art, die mir eher Angst als Freude machte.

»Du lernst heute schwimmen«, verkündete er, ging mit Hund Kora und mir aus dem Dorf an die Grabow, erklärte mir unterwegs, wie man schwimmt, und befahl mir dann, unverzüglich ins Wasser zu springen.

Es ging gut, ich bin nicht ertrunken, doch trotz all der erworbenen Schwimmscheine bade ich heute lieber in der Badewanne. Der Weg führte an einem Gartenzaun vorbei, der den Gemüse-garten des letzten Hauses begrenzte. Die Ein-friedung bestand aus Jasminbüschen. Die dufte-ten an dem Tage, als ich das Schwimmen erler-

nen mußte, besonders »laut«. In meinem Garten heute, nach mehr als 60 Jahren, wächst auch
ein Jasmin. Und wenn er blüht und duftet,
denke ich an Vater auf meine Weise.

Ich neige dazu, meinem Vater zuzubilligen, daß
er es gut gemeint hat, doch frage ich mich
gleichzeitig: Was wurden damals für Lehrer her-
angezogen, die so mit ihren eigenen und sicher
auch anderen Kindern (Schülern) umsprangen.
Und dann denke ich wieder, was sind das für
Psychologen, die weissagen, daß daran jedes
Kind zerbrechen müsse. Ich bin ein ganz heiterer
Mensch geworden, doch auffallend an meiner
Entwicklung war, daß sie erst dann positiv zu
verlaufen begann, als mein Vater in den Krieg
zog. Meine schulischen Leistungen auf dem
Gymnasium besserten sich meßbar. Zufall?

DER DORFSCHULLEHRER

Die Schule machte meinem Vater wenig Mühe. Er hatte sein eigenes System, seinen Schülern einzupauken, was nötig war. Da er acht Jahrgänge in einer Klasse hatte, machte er daraus vier, indem der Lehrstoff für jeweils zwei Klassen zusammengefaßt wurde, was recht gut gelang. Die beiden ersten Jahrgänge, bei denen es in der Hauptsache darum ging, buchstabieren, lesen und schreiben zu lernen, nahm ihm meine Mutter gelegentlich ab. Sie buchstabierte erfolgreich mit den ABC-Schützen; im Sommer in der Gartenlaube, im Winter in der guten Stube gegenüber dem Schulraum.

Bei seinen Vorgesetzten war der Lehrer aus Martinshagen gut angeschrieben. Wie weit dafür auch meine Mutter verantwortlich war, vermag ich nicht zu sagen. Von ihrer Tätigkeit als Hilfslehrer wußten die Zensoren nichts, dafür aber mehr von dem Wohlgeschmack ihrer Würste. Nach der jährlichen Revision blieben die Revisoren nicht nur zum Mittagessen da, sondern meistens auch zum Abendessen und noch lange danach. Wie gesagt, die Schule nahm meinen Vater nur wenig in Anspruch, so daß er seinen Hobbys frönen konnte; und davon gab es sehr viele. Numero 1 war die Jagd, die wir schon kennen, doch danach kam gleich der Garten. Er zog nicht nur sein Gemüse schon im Frühbeet und danach im Freien selber, er hatte auch einen großen Kartoffelacker, der mit zum Schulgrundstück gehörte und den er liebevoll betreute. Er liebte Birnen und vor allen Dingen Haselnüsse. Immer wieder pflanzte er neue Nußsträucher, deren Früchte er nach der Ernte in den Rauch hängte, um an Weihnachten ganz besonders wohlschmeckende Rauchnüsse zu offerieren. Auch eine Birnenart, die auf Holzwolle gelagert wurde, wurde frühestens an Weihnachten zum Verzehr freigegeben. Äpfel für die Bratröhre suchte er zumeist persönlich aus, denn er wußte, wann sie genügend lange gelagert waren. Alle Beeren, die im Garten gedeihen, zog er in ausgewogener Menge, und die Mutti verstand es, alles bestens zu verarbeiten. Unter den Beeren waren es wiederum die Stachelbeeren, die Vati besonders schätzte.

Bei den Blumen waren es die Dahlien, die Wicken und vor allem die Rosen, die er pflegte und immer selber betreute.

In dem großen Lehrersgarten stand auch eine Laube mit bunten Glasfenstern, in der wir im Sommer gerne aßen. Der Weg von der Küche in die Laube war nicht weit.

Was es nicht im Garten gab an frischen Köstlichkeiten, das holten wir aus dem Wald. Brombeeren, Walderdbeeren, Preisel- und Heidelbeeren gab es in so großer Fülle, wie es heute kaum vorstellbar ist. Und der Pilzreichtum in den Eichenmischwäldern oder den Kieferbeständen war enorm. Ich lernte sie alle kennen und sammelte sie leidenschaftlich gerne; zusammen mit Erich. Der verkaufte nämlich unsere Ausbeute, um sich ein kleines Taschengeld zu verschaffen. Das brauchte er, wenn einmal in jedem Jahr ein Karussell zu uns ins Dorf kam. Es fuhr sich doch so schön in den Rennautos, die auf das Karussell montiert waren, oder in den Prachtkutschen. Und das Reiten auf einem feurigen Schimmel war ebenfalls wunderbar. Ich bekam zu diesem Anlaß immer eine Mark von meiner Oma, bei der ich einen ganz besonderen Stein im Brett hatte.

UNSER JAGDHUND

Ein Hund im Lehrerhaus fiel in einem Dorf in Hinterpommern ebenso wenig auf wie der Hof- oder Hütehund bei den Bauern, der Spitz beim Schuster oder der bissige Pinscher im Kolonial- warenladen, wie die Kaufleute ihr Ladenge- schäft gerne nannten.

Daß der Lehrer einen Jagdhund hielt, sogar ei- nen diplomierten, wunderte niemanden, denn jeder wußte, daß dessen Leidenschaft die Jagd war, und da brauchte man einen Hund. Kora, der Name weist sie als Hündin aus, hatte ein weißbraun gesprenkeltes Fell, Hängeohren, ei- nen gestutzten Schwanz, ein treues Gesicht und wurde von Fachleuten zu den Vorstehhunden gezählt.

Kora nahm ihren Beruf sehr ernst und hatte of- fensichtlich auch Freude daran. Sobald mein Va- ter zur Flinte griff, war sie zur Stelle, bellte kurz, um ihre Anwesenheit zu melden, und ging bei Fuß mit ins Revier. Waren die Kartoffelfelder oder die Rübenfelder erreicht, wo Rebhühner und Fasanen gejagt wurden, war es ihre Pflicht, ganz vorsichtig die Tiere auszumachen, anzuzeigen, daß sie entdeckt waren, um sie erst dann aufzuscheuchen, wenn der Jäger in guter Schußentfernung war. Das war ungemein wichtig. Flog das Hühnervolk beispielsweise zu früh auf, konnten die Schrotkugeln sie nicht mehr erreichen, und der »Anlauf« war vergebens. War der Schütze erfolgreich, war es Koras Aufgabe, die Beute zu suchen, zu apportieren und sie unversehrt dem Jäger vor die Füße zu legen.

Ähnlich wichtig war Koras Aufgabe bei der Entenjagd; besonders das Einbringen der Beute, denn die getroffene Ente fiel oftmals weit vom Fluß- oder Teichufer entfernt ins Wasser oder ins Schilf. Kora bewährte sich bestens. Ich kann mich nicht erinnern, daß sie auch nur einmal eine Ente nicht gefunden hat.

Daß sie auch bei der Hasen- und Karnickeljagd nützlich war, bedarf wohl kaum der Erwähnung.

Die Jagd war ihre berufliche Aufgabe, die sie sehr ernst nahm, aber eine ebenso wichtige Aufgabe sah sie darin, es sich wohl sein zu lassen. Um dieses Ziel zu erreichen, hatte sie eine eigene Methode entwickelt. Sie war zu jedermann freundlich, zeigte allen aus dem Lehrerhaus, wie sehr sie sie liebte, ließ uns Kinder auf sich reiten und ließ sich gerne streicheln. Auch Fremde behandelte sie zuvorkommend; vielleicht um anzudeuten, daß sie kein Wachhund sei und nicht geneigt, sich mit jemandem anzulegen. Selbst unsere Hühner fürchteten sie nicht, und den Hausenten gönnte sie den Teich, auf dem sie schwammen, von ganzem Herzen.

Jeder mochte die Kora, alle waren nett zu ihr, so nett, daß sie im Winter ihren Platz in der Küche einnahm, weil es niemand übers Herz brachte, sie in die kalte Hundehütte im Hof zu verweisen. Manchmal aber hatte meine Mutter Ärger mit ihr. Wenn sie im Sommer unentwegt die zur Kühlung in den Brunnen gelegte Butter apportierte. Sah Kora Butter im Brunnen, holte sie diese ganz vorsichtig heraus, um sie meiner Mutter in die Küche zu bringen; ihr die Butter vor die Füße zu legen, als sei die eine Ente oder ein Rebhuhn. Trotz größter Bemühungen war es meiner Mutter nicht gelungen, das abzustellen. Prügeln kam nicht in Frage; aber das hätte wohl auch nicht genutzt.

Kora merkte sofort, wenn die große Schulpause angebrochen war und die Schüler im Pausenhof ihr Brot verzehrten. Dann mischte sie sich unter die Kleinen, die so herrliche Wurstbrote in ihren Händen hielten. Wenn diese sich lebhaft unterhielten oder anderweitig abgelenkt waren, nahm sie ihnen mit äußerster Behutsamkeit das begehrte Brot aus der Hand und verschwand damit, bevor der »Stöppke« das bemerkt hatte. Da kam es schon mal vor, daß ein großes Geschrei anbrach, aber nicht, weil das Kind gebissen worden war (das ist niemals passiert), sondern weil der Schmerz über das verlorene Pausenbrot auf diese Weise zum Ausdruck gebracht wurde.

Dann war meine Mutter zur Stelle, tröstete das Kind und ersetzte das Brot durch ein neues, manchmal noch besseres, und der Frieden war wieder hergestellt. Wenn Kora in der gleichen Pause noch einmal auf dem Schulhof auftauchte, hielten alle Kinder den Rest ihres Brotes ganz hoch, damit sie es ja nicht erreichen konnte. Aber nach einigen Tagen war sie wieder erfolgreich.

War die Schule aus, wurde das befohlene Schlußlied gesungen, wartete Kora noch ein wenig, um anschließend in den Klassenraum zu gehen. Die Türe stand ohnehin auf, um die verbrauchte Luft zu erneuern. Dann inspizierte sie die Bankreihen und förderte Pausenbrotreste zu Tage. Die lagen, manchmal in Zeitungspapier verpackt, oft auch ganz frei, auf einem Ablagebrett unter der Schreibplatte. Kora trug ihre Beute in eine Ecke des Schulzimmers, wickelte das Zeitungspapier ab, legte sich gemütlich auf den Boden und speiste behaglich.

Dann ging es zum Brunnen im Hof, wo sie ausgiebig trank, um danach in einen tiefen Schlaf an ihrem Lieblingsplatz zu fallen. Im Sommer war das der Fußabstreifer vor der Schultüre, im Winter ihr Platz in der warmen Küche. Nahrungsmittel, die dort für sie erreichbar waren, rührte sie niemals an, auch wenn es ein noch so verführerisch duftendes Schnitzel war.

MEINE GROSSMUTTER

Sie hatte ihren Mann schon sehr früh verloren. Er ist an einer Blinddarmentzündung, die man damals noch nicht operieren konnte, gestorben. Den Hof leitete ihr Sohn, aber nicht ohne ihr Mitspracherecht in allen Dingen, ganz besonders wenn es ums Geld ging.

Diese Oma hörte schlecht. Wie alle Menschen, die nur einen Teil von dem mitbekommen, was um sie herum passiert, war auch sie recht neugierig; vielleicht auch mißtrauisch. Das fiel mir bald auf, und ich nutzte diese Tatsache vielleicht ein wenig aus. Am Abend besuchte ich sie immer, und auf ihre Frage: »Na, min Jung, wat gift et hüt Nüß?« erzählte ich ihr bereitwillig alles, was sich den Tag über ereignet hatte, und zwar in der Tonlage und Lautstärke, die für sie recht war, um mich gut zu verstehen.

Nicht zuletzt deswegen mochte mich meine Oma sehr gerne. Sie belohnte mich meist mit bunten Schokoladeplätzchen, die sie immer in ihrer tiefen und großen Rocktasche mit sich herumtrug. Diese Plätzchen teilte ich stets mit Erich, der mich seinerseits mit geeignetem und

interessantem Gesprächsstoff für Oma ver-
sorgte.

Außer der Schwerhörigkeit plagten meine
Großmutter noch zahlreiche andere Leiden, die
sie aber auch pflegte, um sich Ansprache und
Gesellschaft zu verschaffen. Schließlich kümmerte man sich um alte Leute, die leidend waren,
viel mehr als um solche, die nur alt waren. Täglich sprach sie von ihrem Rheuma und humpelte
an einem Stock in der Wohnung herum. Wenn sie
aber das Haus verließ, in den Hof oder den Garten
ging, wo sie vom Gesinde gesehen werden
konnte, oder wenn sie gar ins Dorf ging, dann
verzichtete sie auf ihren Stock. Aufrecht schritt
sie daher und erwiderte huldvoll die Grüße der
Kinder und der jüngeren Erwachsenen.

Ganz alt wollte sie aber auch nicht sein, weshalb
sie sich immer bemühte, einer altersgleichen
oder gar ein wenig jüngeren Frau zuerst ihren
Gruß zu entbieten.

Die jüngeren Frauen kamen bei einem Zusam-
mentreffen mit Oma nicht ohne einen guten Rat
davon. Das Gespräch verlief dann etwa so:

»Na, Grete, sind die Küken schon alle ge-
schlüpft? Laß sie ja lange genug in der Küche,
auch wenn das Wetter schön ist; und wenn du
ihnen Brennesseln gibst, mußt du diese ganz
fein zerhacken; ganz ganz fein, verstehst du?«

Grete wußte das natürlich alles selber, denn jede erfahrene Bauersfrau konnte ihr Geflügel sachgerecht großziehen. Aber Oma mußte immer noch ein Tüpfelchen draufsetzen:

»Und wenn du den Kükenkorb in die Mittagssonne stellst, – das tust du doch, oder? – nie länger als zehn Minuten, sonst kühlen sie zu stark aus. Dann aber gleich wieder in die warme Küche damit. – Du wirst das schon richtig machen, und deine Mutter paßt sicher auch mit auf.«

Das sprach sie natürlich in pommerschem Platt, was ich als junger Steppke bestens verstand und auch sprach, doch heute, nach mehr als 60 Jahren leider nicht mehr mühelos beherrsche.

Ein anderes Leiden meiner Großmutter war ihr »offenes Bein«, mehrere Krampfadergeschwüre am rechten Unterschenkel. Das ist sehr schmerzhaft, und auch heute kann man recht wenig dagegen machen. Wegen der Schmerzhaftigkeit versuchte die Oma alle möglichen Mittel: Ringelblumensalbe mit Schweinefett bereitet, Umschläge mit Brennesseltee, Johanniskrautöl, Königsöl aus Wollblumen, Majoransalbe und innerlich Kastanienblättertropfen. Hundefett als Salbe (sonst innerlich gegen die Schwindsucht gebraucht) und Borwasserumschläge sollten ebenfalls Linderung bringen.

Aber all diese Anwendungen halfen nur kurzfristig. Das Leiden blieb. Ein Fall für die »Weise Frau«, die Dorfhexe und Zauberin. Sie war wenig geachtet, stand sie doch mit dem »Düvel im Bund« und ging nie in die Kirche. Niemand wollte im Alltag was mit ihr zu tun haben, aber insgeheim glaubte doch jeder an ihre Heilkunst und verdarb es nicht ganz mit ihr

Einen richtigen Arzt zog man nur hinzu, wenn das Ableben des Patienten zu erwarten war, um in den Augen der Nachbarn nicht als geizig zu gelten. Sonst behandelte man sich mit den vielen wirksamen Hausmitteln, oft Roßkuren, selber; zumeist erfolgreich.

Ich hörte als kleiner Junge ein Gespräch, das mir in Erinnerung blieb. Es trafen sich zwei Altnitzer Bauern auf der Dorfstraße. Der eine erkundigte sich nach dem Befinden des Nachbarn, der sehr krank darnieder lag. Die Antwort lautete: »Der macht es nich mehr lang; den Doktor haben sie auch schon geholt.«

Der erstere sagte darauf: »So, so, dann ist dat woll ut mit em, war ja auch nich mehr der Jüngste.«

Wegen ihres »offenen Beines« schickte Oma mich eines Tages zu der »Weisen Frau«. Katinka rief man sie. Und mein Auftrag lautete, mich ja nicht sehen zu lassen, wenn ich in ihre Kate trat.

Ich hatte ein Paket mit auserwählten Lebensmitteln dabei, denn Katinka verkaufte sich teuer. Ich sollte sie zu nächtlicher Stunde zu Oma bitten, damit sie ihr offenes Bein bespräche; und es sollte ihr Schaden nicht sein, sollte ich hinzufügen.

Meine Großmutter galt im Dorfe etwas, und so brauchte ich nicht lange zu bitten. Katinka kam am nächsten Tag nach Einbruch der Dunkelheit. Gerne hätte ich beim Besprechen zugeschaut, aber das litt weder die Oma noch Katinka. Es durfte ja auch niemand erfahren, daß sie überhaupt da gewesen ist.

Dennoch war ich Omas Vertrauter, was mich ungemein stolz machte. Wie gerne hätte ich Erich davon erzählt, doch das war ausgeschlossen, und meine Eltern erfuhren davon auch kein Wort; zumindest nicht von mir. Mein Vater wäre sicherlich außer sich geraten. Ich schwieg darüber wie ein Grab. Vielleicht, so dachte ich, ist es damit wie mit dem Osterwasser, das nur wirkt, wenn nicht gesprochen wird.

Ob das Besprechen gewirkt hat, das weiß ich nicht, darüber wurde nicht mehr geredet. Als ich einmal danach fragte, sagte meine Oma nur: »Lot man god sin, min Jung.«

Bis heute weiß ich nicht, was ich vom Besprechen und Handauflegen halten soll. Daß die

»Weisen Frauen«, es gab sie überall, Erfolg hatten, ist kein Geheimnis. Aber warum war das so?

Darüber habe ich schon viel nachgedacht und meine, zwei Gründe zu kennen. Der erste ist einfach. Man traute sich nicht, die »Zauberin« zu rufen. Es könnte ja bekannt werden, und das durfte nicht sein. So wartete man, bis die Krankheit ihren Höhepunkt erreicht hatte und in vielen Fällen ganz von selbst den eigenen Kräften gewichen wäre. Da aber die »Weise Frau« vorher da war, schrieb man ihr die Heilung zu. Der zweite Grund ist die Zuwendung, das Gespräch, die Heilungswunder vollbringen. Katinka hatte besonders bei Menschen Erfolg, die niemand mochte, um die sich niemand kümmerte und derer sie sich jetzt annahm. Es war das Sprechen, nicht das Besprechen, das wirkte. Einsamkeit macht krank, sich ausgestoßen zu fühlen noch mehr, so daß ein verstehendes Wort, ein freundliches Lächeln, die Berührung des Kranken Heilung brachte, sie zumindest einleitete.

Zugegeben, das sind alles Spekulationen, aber sollte da nicht etwas Wahres dran sein? Denken wir doch an den berühmtesten Arzt der Antike, an Hippokrates, der seine Kollegen beschwor, zuerst das Wort als Heilmittel einzusetzen.

DAS KIRCHDORF UND DER PASTOR

Hier muß ich einräumen, daß das, was ich über den Pastor berichte, sicher nicht die Norm ist, daß es anderwärts vielleicht besser war, sicher sogar, doch bei uns war er höchst überflüssig, wenn man einmal davon absieht, daß die Kinder getauft und eingesegnet, die Brautleute getraut und die Toten beerdigt werden mußten. Der Pastor saß in seinem Pfarrhaus, verbreitete Respekt, wollte herrschen und in Ruhe gelassen werden. Die Bauern fuhren an Sonn- und Feiertagen, im Sommer mit der Kutsche, im Winter mit dem Schlitten, zur Kirche, weil sich das so gehörte, und damit war der Frömmigkeit Genüge getan. Nun, viel Zeit hatte auf dem Lande niemand, aber dafür hätte sich der Pastor doch in seinem Kirchspiel bei seinen »Schäflein« sehen lassen müssen. Zu Fuß – bei schönem Wetter – oder auch mit dem Fahrrad wäre das möglich gewesen. Daß nicht jedes Dorf eine eigene Kirche und einen eigenen Pastor hatte, kann Schuld daran sein, daß außerhalb der Gottesdienste kein Gemeindeleben möglich war, aber bei gutem Willen geht vieles.

Güte war nicht die Stärke unseres Pastors, denn niemand mochte ihn. Die Konfirmanden fürchteten seinen Drill, die Lehrer taten, was er »befahl«, denn sie waren ihm zumindest teilweise untergeordnet; so lange Geistliche die Aufsicht über die Schulen hatten. Im Winter hielt der Pastor Bibelstunden im Schulhaus ab. Das sind die wenigen Male, wo ich ihn gesehen habe. Gehört habe ich aber von den Bauern, die ihn abholen und zurückbringen mußten, umso mehr; nämlich wie zuwider ihnen dieser Frondienst war. Ein Pastor, den man fürchtet, kann wohl wenig im Sinne Gottes tätig sein.

BESUCH KOMMT

Die pommerschen Lehrer waren in ihrer Freizeit meistens Jäger, Gärtner oder auch Kleinbauern. Hühner hatten sie allemal und oft auch ein Schwein, das sie großzogen. Ebenso gehörte das Kartoffelland dazu. Langeweile war bestimmt nicht der Grund, weshalb sie sich gegenseitig besuchten; doch es war so: alle diejenigen, die sich zu Fuß oder mit dem Fahrrad erreichen konnten, besuchten sich gegenseitig, unangemeldet für zwei bis drei Stunden zu einer Tasse Kaffee oder angemeldet auch mal zum Abendessen.

»Besuch kommt!« war der erfreute Ausruf, wenn ein befreundetes Ehepaar gesichtet wurde.

Meine Mutter fügte diesem Ausruf sogleich die Worte hinzu, die auch alle kannten:

»Herta, das Waffeleisen, und setz schon mal Kaffeewasser auf.«

Dann ging alles seinen gewohnten Gang. Der Besuch wurde begrüßt, im Sommer zunächst in den Garten geführt und im Winter zum Aufwärmen in die Wohnstube an den Kachelofen.

Mutti rührte in der Küche derweil den Waffelteig, Herta kochte einen vorzüglichen Bohnenkaffee und buk dabei schon die ersten Waffeln.
In kürzester Zeit war alles erledigt. Vati und
Mutti saßen mit ihrem Besuch am freundlich
gedeckten Kaffeetisch, schlürften heißen Kaffee, lobten sein Aroma und aßen dazu die frischen, noch warmen Waffeln.
Unser Kaffee erfuhr immer ein besonderes Lob.
Das lag nicht an der besonderen Qualität der
Bohnen, sondern an unserem Brunnenwasser,
was auch den Herrn Schilling, unseren Kaffee-
und Zigarrenlieferanten aus Bremen, so beeindruckt hatte.

Früher hatten die Kaufleute noch Zeit, sich um
die Stammkunden zu kümmern. Einmal im Jahr
erschien Herr Schilling, um sich zu erkundigen,
ob alle Lieferungen in Ordnung waren. Auch er
wurde als Besuch behandelt, aß Waffeln, trank
seinen eigenen Kaffee und staunte immer wieder, daß seine einfache Mischung bei uns besser
schmeckte als seine Krönung anderswo. Es war
eben das Wasser, das uns ein permanent fließen-
der Brunnen lieferte.

Nachdem sich die Lehrersfrauen über neue
Mode und Kochrezepte verständigt, die Herren

hingegen die politische Lage erörtert hatten, wobei sie genüßlich Zigarren rauchten, brach der Nachmittagsbesuch – je nach der Entfernung zwischen beiden Dörfern – nach zwei bis drei Stunden wieder auf, nicht ohne lebhaft zu einem Gegenbesuch aufgefordert zu haben. Ich bekam beim Abschied 50 Pfennig, wovon ich mir kaufen konnte, was ich wollte. 50 Pfennig waren damals viel Geld, und ich gestehe gerne, daß ich mir recht viele solcher Besucher wünschte.

Ich hatte das Gefühl, daß alle Lehrer gleich sind, korrekt gekleidet, forsch, streng und bestimmt in ihren Ansichten. Und so war es für sie auch einfach, gut miteinander auszukommen. Die Lehrersfrauen übertrafen sich gegenseitig an Tüchtigkeit, Zufriedenheit, Unbekümmertheit. Und das Aufgehen in ihren Pflichten machte sie glücklich und rundlich, welch letzteres wohl darauf zurückzuführen war, daß sie gut und gerne kochten. »Figur berufsbedingt«, pflegten gute Köchinnen in ihre Bewerbungsschreiben zu setzen, und jeder wußte dann, wie sie gebaut waren.

Aber einer von Vatis Kollegen war »aus der Art geschlagen«. Er war Außenseiter, weil er seinen

Beruf ganz anders sah. Er liebte die Kinder, drillte sie nicht, sondern förderte ihre Talente. Auch äußerlich war er anders. Er trug meist keine Krawatte, ein bequemes Sportsakko und Knickerbocker, konnte boxen und besaß ein Motorrad mit Beiwagen für seine Frau, die auch mehr zu *ihm* paßte als zu den anderen Kollegenfrauen. Ihn werde ich nie vergessen. Wenn er uns besuchte bekam ich zwar keine 50 Pfennige, doch Unterricht im Boxen und anderen sportlichen Disziplinen. Meine Eltern, und das trifft wohl auch für die anderen Lehrerehepaare zu, bewunderten die beiden, beneideten sie sicher auch etwas, verhielten sich aber recht reserviert, was diese aber nicht bekümmerte. Zu Hause besaßen sie ein Grammophon mit den neuesten Platten. Sie tanzten gerne und verzichteten auf das Kartoffelland und das Schwein oder die Hühner. Dafür gab es Katzen und Hunde in ihrer Wohnung. Im Garten wuchsen edles Spalierobst, kaum Gemüse, aber sehr sehr viele Blumen. Die Lehrersfrau war offensichtlich keine seminargedrillte Bauerntochter.

Die Abendgesellschaften bei uns, wozu in der Regel alle Lehrer der erreichbaren Nachbarschaft eingeladen wurden, fanden entweder im frühen Herbst oder im Winter statt. Im Herbst verwöhnte Mutti ihre Gäste mit Wild, im Winter mit ihren Spezialitäten vom selbstgeschlachteten Schwein. Beides verstand sie so vorzüglich zuzubereiten, daß ihr alle Gäste neidlos verdientes Lob erteilten. Sie war nicht zu übertreffen. Das Tüpfelchen auf das »I« setzte dann noch Ella, Herrn Wilkes Pflegetochter, die in Berlin lebte und da und dort auch zu Hause mal nach dem Rechten sah. Sie verstand es, die Tafel mit Obst und Gemüse attraktiv zu dekorieren, und sie kannte allerlei Tricks, die für eine besondere Optik sorgten.

Das Essen begann um 17 Uhr und dauerte bis 21 Uhr, damit die Gäste auch noch rechtzeitig nach Hause kamen. Getrunken wurde Wein und zum Abschluß auch Bier und Korn; ganz der Regel zuwider, nach der auf Wein kein Bier mehr passe. Für Muttis Essen war diese Reihenfolge aber eine Notwendigkeit. Wein und Korn war im Haus, Bier hingegen holte ich im Krug nach Bedarf, wobei mir Erich half, denn der Korb war schwer. An manchen Abenden mußten wir mehrmals zum Krüger gehen, und dann wurde es auch an der Tafel locker und lustig. Ich habe sogar erlebt, daß getanzt wurde. In Ermangelung einer Kapelle sangen die Paare die Tanzmelodie. Wenn ich beim Abschied der Gäste noch auf war, und ich wußte es einzurichten, schwoll meine Kasse von den mir zugesteckten Münzen an, so daß ich Erich gerne etwas abgab. Das war *unser* Festvergnügen.

DIE GROSSEN SCHULAUSFLÜGE

Fast möchte ich sagen, sie waren ein gesellschaftliches Ereignis für das ganze Dorf; die Schulausflüge der Martinshagener Volksschule. Nicht nur alle Schüler und ihr Lehrer nahmen daran teil; aus fast jeder Familie fuhr noch jemand mit, zumal diese Ausflüge ja keine Wanderungen waren, sondern richtige Reisen mit Pferd und Wagen im Sommer und Pferd und Schlitten im Winter.

Da zeigte sich das Organisationstalent meines Vaters. Es war Generalstabsarbeit von der Planung bis zur Durchführung; und der Herr Lehrer hatte viel Freude dabei. Er fühlte sich wie ein Kompaniechef im Manöver. Alles war bedacht worden, der genaue Zeitablauf, das Wetter, die mitzunehmende Verpflegung und auch das Futter für die Pferde. Die Lieder, die unterwegs gesungen wurden, waren vorher gründlich eingeübt. Man nahm uns nämlich wahr, wenn wir durch ein Dorf fuhren. Die Knechte ließen für kurze Zeit ihre Hof- oder Stallarbeit liegen, die Mägde verließen Stall oder Küche, um uns zu sehen und zu hören. Und die Schüler liefen ihrem Lehrer davon auf die Straße, was sonst nur vorkam, wenn ein Flugzeug niedrig über dem Dorf kreiste. Alle wußten, das können nur die Martinshagener sein, deren Ausflüge mit solcher Pracht durchgeführt wurden. Stolz winkte mein Vater von seinem Kommandowagen, einer eleganten Kutsche, seinen Kollegen zu.

»Besuchen Sie uns doch bald mal wieder«, fügte er seinem Gruß meistens noch an, und meine Mutter, die mit der Frau Bürgermeister im gleichen Wagen saß, bekräftigte ihrerseits die Einladung.

Wir Kinder sangen aus »voller Kehl' und frischer Brust« unsere einstudierten Wander- und Reiselieder.

Wohin die Reise ging? Darüber herrschte immer Einigkeit. Im Sommer nach Rügenwalde, wo wir das Schloß besichtigten und in jedem Jahr mehr aus der Heimatgeschichte erfuhren, da uns ein bekannter Heimatforscher führte.

Im Schloßhof wurde dann auch ausgiebig gefuttert. Wir hatten alles dabei. In großen Körben lagen Butter, Käse, Wurst, Schinken, Brot und der berühmte Stuten, ein besonders geformtes Weißbrot, welches gerne gegessen wurde, alles von den reichen Bauersfrauen gestiftet. Von eigens dazu eingeteilten Mägden wurden jetzt fein säuberlich Brote gestrichen, so daß jedes Schulkind, ob arm oder reich, die gleichen Stullen bekam.

Im Kommandowagen war das Essen für die Großen untergebracht; auch in geflochtenen Weidenkörben. Es unterschied sich wenig von dem der Kinder, außer durch eine große Flasche Schnaps, die beim Essen einige Male die Runde machte, und guten Zigarren für die Männer. Getrunken wurde von uns Kindern Zichorienkaffee (Kathreiner), der in großen, bauchigen Krügen mitgeführt wurde. Die Erwachsenen bekamen duftenden Bohnenkaffee vom Kaffee- und Tabakhaus Schilling in Bremen, von dem auch die Zigarren stammten. Warmgehalten wurde der Bohnenkaffee in mehreren verschraubbaren Thermosflaschen. Die Pferdewagen »parkten« etwas abseits. Die Kutscher, zumeist Großknechte aus den Bauernhöfen, versorgten die Pferde, um sich danach zu uns zu gesellen. Auch für sie gab es nach dem Essen einen oder mehrere Schlucke aus der Schnapsflasche und eine Zigarre zum Gleich-rauchen und eine zweite für später. Die wurde auf das Ohr gelegt und von Ohr und Mütze festgehalten.

Nach Ablauf von etwa zwei Stunden, die für die Schloßbesichtigung und das Essen voll ausreichten, wanderten wir, natürlich mit einem

Lied auf den Lippen, in Zweierreihen zur Anlegestelle der Vergnügungsdampfer Bogislaff und Störtebecker, die – natürlich vorbestellt – schon auf uns warteten. Mit ihnen fuhren wir die Wipper abwärts bis nach Rügenwaldermünde, wo wir am Fischereihafen, unmittelbar vor der Zugbrücke, ausstiegen. Die Fahrzeuge kamen uns auf der Landstraße nach.

Aber jetzt wird es allerhöchste Zeit, unsere Wagen zu beschreiben, denn nicht nur wir, sondern auch unsere Fuhrwerke fielen auf, wo immer wir hinkamen.

Es waren große, lange Leiterwagen, mit denen man zur Erntezeit Heu und Getreide einbrachte. Durch ein vorne quer gelegtes Brett war eine Sitzbank für den Kutscher und seinen Stellvertreter hergestellt worden. An jeder Wagenseite war ein langes Brett mit kräftigen Seilen so befestigt, daß sieben bis zehn Personen an jeder Seite sitzen konnten. Den Wagen zogen zwei stattliche Pferde, die auch längere Zeit einen Trab durchhalten konnten. Sie waren mit Blumen reich geschmückt, und sogar die Kutscherpeitsche trug an der Spitze einen Strauß. Über der Kutscherbank war ein Rundbogen aus bunt bebänderten Eichenzweigen angebracht. Der hintere Wagenteil war an beiden Seiten mit frischen

Birken geschmückt, die ebenfalls mit Blumen und Bändern verziert waren. Die Mädchen auf dem Wagen trugen Blumenkränze im Haar und einen Strauß in der Hand, der den Zuschauern unterwegs zugeworfen wurde. Die Jungen hielten einen geschnitzten Stab in der Hand, mit Bändern in allen Farben. Blauweiße Papierfähnchen, die Farben der Heimat, vervollständigten die Pracht.

Von diesen Wagen, die in militärischer Ordnung dicht hintereinander fuhren, brauchten wir zumeist drei. Und an der Spitze fuhr der Kommandowagen, eine elegante Feiertagskutsche; natürlich ebenso reichhaltig geschmückt.

Die Lieder, die unterwegs gesungen wurden, waren Wander- oder Heimatlieder, lustig, frisch oder auch wehmütig. *»Nun ade, du mein lieb Heimatland«, »Ein Jäger aus Kurpfalz«, »Laßt die bunten Fahnen wehen«, »Das Wandern ist des Müllers Lust«* oder *»Im schönsten Wiesengrunde«* sind einige Texte, die mir heute einfallen. Immer wenn wir ein Dorf passierten wurde auf allen Wagen das gleiche Lied gesungen, außerhalb der Dörfer jedoch wurde ein Sängerwettstreit ausgetragen, wobei jede Wagenbesatzung die andere durch Lautstärke oder Schwung auszustechen versuchte. Auf Wohlklang war dabei allerdings nicht zu hoffen, es sei denn, man einigte sich auf einen gemeinsamen Kanon.

Doch jetzt wieder zurück nach Rügenwaldermünde. Das war unser Endziel. Dort ging es an den Strand, und wir durften, immer unter Aufsicht erfahrener Schwimmer, nach Herzenslust baden, planschen oder schwimmen.

Zu genau festgelegter Zeit traf sich alles wieder zur zweiten Mahlzeit. Gegen den großen Hunger gab es zuerst wieder Stullen, aber dann Streußelkuchen, so viel man essen wollte.

Inzwischen waren wir am Strand auch vom Eismann entdeckt, und das war jedesmal der Höhepunkt des Nachmittags. Eis gab es bei uns auf dem Dorf nicht, und wer kam schon mal in die Stadt. Kleine Schiffchen aus Waffelteig mit Schokoladen- und Vanille-Eis je zur Hälfte, verkaufte der Eismann aus seinem Wagen für 5 Pfennige. Wer mehr anlegen wollte, verlangte Waffeleis für 10 Pfennige die Portion. Aber um das ohne Verluste aufzuessen, bedurfte es einiger Erfahrung, die nur die Größeren besaßen.

»Müde und matt, voll und satt«, so schrieb ich es später in dem unabwendbaren Hausaufsatz über den Schulausflug, »kehrten wir nach Hause zurück.«

Nicht weniger interessant war der jährliche Winterausflug. Bei kniehohem Schnee ging die Schlittenfahrt nach Göritz, wo wir auf einer Waldlichtung erwartet wurden. In Göritz lebte Vatis Schwester, die Tante Meta, deren Mann, mein Onkel Max, unsere Winterreise unterstützte. Bei unserer Ankunft brannte schon ein großes Feuer, über dem dampfende Teekessel hingen. Wir konnten uns am Feuer von außen her wärmen, und mit gesundem Kräutertee von innen. Der Hagebuttentee wurde mit »Kreude«, einem Rübensirup, kräftig gesüßt. Das Aufwärmen war auch dringend erforderlich, denn die Schlittenfahrt war recht luftig, dafür aber etwas ganz Besonderes.

Vier oder fünf Kufenkutschen, bestens ausgestattete Pferdeschlitten mit Glockengehängen versehen, fuhren voran. Sie waren mit Fußsäkken, warmen Decken und heißen Ziegelsteinen bestückt, um die zu wärmen, denen es draußen zu kalt geworden war. »Draußen«, das war der Platz auf einem der vielen Rodelschlitten, welche an langen Ketten hinter den Zugschlitten angebracht waren: pro Gefährt etwa 6 bis 7 Stück. Die Pferde wurden in leichtem Dauertrab gehalten, so daß wir auf unseren Schlitten ganz schön durchgepustet wurden.

Durch Wiesen, verschneite Buchenwäldchen und ein kurzes Stück auf der Landstraße, die dann in das Göritzer Wäldchen einmündete, ging die Reise. Alle Kinder waren vergnügt. Manche sangen, andere bewarfen sich mit Schnee, den sie vom Boden aufnahmen. Gelegentlich fiel auch mal einer vom Schlitten, der dann von den größeren Knaben wieder aufgelesen wurde. Das ging etwa eine Dreiviertelstunde so; dann war das Ziel erreicht. Klamme Hände, rote Nasen und Ohren und frische Bäckchen hatten alle. Der Appetit war groß.

Am Feuer gab es Schmalzbrote in Hülle und Fülle, Äpfel – roh oder gebraten – und den süßen, heißen Hagebuttentee. Daß sich daran eine große Schneeballschlacht anschloß, daß ein übergroßer Schneemann gebaut wurde, das bedarf wohl keiner Erwähnung. Noch bevor es zu dunkeln begann, wurde die Rückreise angetreten. Jetzt saßen fast alle Kinder in den Schlitten, dicht gedrängt und warm verpackt. Nur ganz »eiserne« wollten auch auf der Rückreise auf dem Rodelschlitten fahren, um den anderen zu imponieren und später damit angeben zu können.

DIE BELIEBTEN
LEHRWANDERUNGEN

Der Unterricht in unserer Dorfschule fand durchaus nicht immer im Klassenzimmer statt. Mein Vater, der Herr Lehrer, liebte es, Naturkunde im Freien zu lehren, nicht zuletzt deswegen, weil er dabei alle Jahrgänge zusammenfassen konnte. Hier lernten die Großen und die Kleinen durch eigene Anschauung Bäume und Sträucher kennen, Gräser und Pflanzen. Die Kleinsten waren die eifrigsten, und begeistert von alledem, was sie lernten. Kleine Besonderheiten, auf die mein Vater aufmerksam machte, hielten das Interesse wach und sorgten dafür, daß das Gelernte unvergessen blieb. Mit einem Grashalm, der den Rüssel einer Hummel darstellte, holten wir die Pollinien aus den Blüten der verschiedenen Knabenkräuter (Orchis-Arten). Das »Rühr mich nicht an« zeigte uns die Schleuderbewegung, die der Samenverbreitung diente. Jeder wollte einmal eine reife Frucht drücken, um das Wegschleudern der Samen selbst zu fühlen und zu sehen. Wir schossen mit Spitzwegerichen, bewarfen uns mit Kletten, bekamen den Schaum der Schaumzikade am Wie-

senschaumkraut gezeigt, lernten den Kartoffel-
käfer kennen und das Franzosenkraut, welches
nach der Ernte, laut Verordnung, gesammelt
und verbrannt werden mußte, damit es die Äk-
ker nicht überwuchert.

Die ersten Frühlingsblumen kannte bald jedes
Kind. Gerade zu dieser Zeit führten uns die
Lehrwanderungen in nahegelegene Laub- oder
Mischwälder, über Wiesen und an Bäche, wo es
grünte und blühte, noch bevor die Bäume Blätter bekamen. Die Musikstunden wurden auch
gleich draußen abgehalten, da wir auf dem Hin-
und Rückweg kräftig singen mußten.

Aber wenn im Wald die Finken schlugen, über
den Feldern die Lerchen jubilierten, dann waren
wir still und lauschten.

Maikäfer waren Jahr für Jahr immer wieder etwas Besonderes, ließen sie sich doch einfach fangen. Wir schüttelten sie in aller Frühe, steckten
sie in eine mit Luftlöchern ausgestattete Schach-
tel, sortierten sie in »Müller«, »Soldaten«,
»Kaiser« und »Könige«, und tauschten die be-
sten Exemplare gegen andere ein.

Alle vier Jahre gab es eine Maikäferplage. Da
waren die Maikäfer so zahlreich, daß Obst-
bäume (besonders Pflaumen) und Laubbäume
(besonders Buchen und Eichen) durch die Freß-
gier dieser sonst durchaus gelittenen Käfer re-

gelrecht gefährdet waren. Dann zogen wir aus, um sie zu dezimieren. Wir benutzten große Eimer als Sammelgefäße, die mit einem Deckel versehen wurden, welcher ein Einsteckloch enthielt. Und dann durchstreiften wir in aller Frühe, wenn sich die Maikäfer, noch starr durch die Kälte der Nacht, leicht schütteln ließen, die Obstgärten und ein in der Nähe gelegenes Buchenwäldchen, die Riegen, und schüttelten die Bäume. Die Maikäfer purzelten nur so herunter; wir sammelten sie ein und steckten sie durch das Loch im Eimerdeckel. In kürzester Zeit waren die Eimer randvoll. Zu Hause wurden die Käfer mit siedendem Wasser übergossen, um sie zu töten. Und dann waren sie ein begehrtes Hühnerfutter. Nur zuviel durfte man den Hühnern nicht davon geben. Sonst konnte es passieren, daß sie sich überfraßen und eingingen. Der Hühnerhof des Lehrers erlitt in einem Jahr fast einen »Totalschaden«.

Im Herbst waren Pilze und Beeren, giftige und genießbare, das Lernziel unserer Lehrausflüge. Wir lernten sie kennen und unterscheiden. Auch Nüsse, Bucheckern und Eicheln wurden gesammelt. Sie dienten in der Schule den Kleinen als Rechenhilfe. Der Einfallsreichtum des Lehrers war unerschöpflich, was auch seine Vorgesetzten wohlwollend zur Kenntnis nahmen. Wohl-

wollend sahen sie über die Häufigkeit der Lehrausflüge hinweg, zumal anderes Lernen dadurch
nicht zu kurz kam.

Im Oktober war dann Schluß mit diesen erfreu-
liche Unterrichtsstunden im Freien. Lehrers Geburtstag, der 22. Oktober, war der allerletzte
Tag, der aber mehr ein Feiertag war. Ganz früh
am Morgen schmückten »Heinzelmännchen«
die Schulstube. Da es Dahlienzeit war, bestreute
man die Gänge mit Dahlienblüten, stellte große
Dahliensträuße, bunt gemischt, auf Schulbänke
und Pult, auf Fensterbretter und Schränke. Der
Dahlienduft übertönte sogar den Ölgeruch der
Fußbodenbretter. Und wenn dann der Herr
Lehrer kam, wurde er mit einem Lied und einem
großen Blumenstrauß empfangen. Die Klügsten unter den Schülern hatten »schmalzige«
Gedichte gelernt, die nun aufgesagt wurden.
Daß auch ich immer dabei war, konnte ich nicht
ändern, doch es war mir alles so peinlich, daß ich
Vaters Geburtstag noch als Erwachsener fürch-
tete. Ihm zu gratulieren blieb ein Alptraum für
mich.

In der Lehrerwohnung, dem Schulzimmer gegenüber, war zu dieser Zeit emsiges Treiben zu
beobachten. Meine Mutter richtete in der »guten Stube« eine riesige Kaffeetafel her. Zwei
oder drei größere Mädchen, die die Schule

schon hinter sich hatten, halfen ihr dabei. Torten und Kuchen türmten sich auf dem Tisch, worauf sich die Schüler dann mit so großem Appetit stürzten, daß nach wenigen Minuten nichts mehr übrig war. Und da ein so voller Bauch nicht gerne studiert, wurde eine Wanderung angesetzt. Mit fröhlichem Gesang ging es noch einmal über die Felder. Dabei genoß es der Herr Lehrer, wenn ihm die Bauern, die uns zufällig begegneten, oder auch die, die ihm »auflauerten«, herzlich zum Geburtstag gratulierten. Alle mochten ihren Lehrer, selbst diejenigen seiner Schüler, die öfter mal Prügel bezogen. Nur ich, ich hatte meine Schwierigkeiten mit ihm.

MAN KANN ES AUCH ÜBERTREIBEN

Wußte er es wirklich nicht besser, oder war es der unbezähmbare Ehrgeiz, einen besonders klugen Sohn zu haben? Je älter ich wurde, desto höher schraubte Vati seine Anforderungen an mich, desto weniger Freizeit blieb mir, und desto länger mußte ich üben, um beim Abfragen einigermaßen um die Runden zu kommen. Ein Lob durfte ich nicht erhoffen; es hätte immer noch ein bißchen besser, ein bißchen schneller gehen können. Ich konnte rechnen, ich konnte schreiben, und beim Lesen hatte ich die Buchstabierphase schon lange hinter mir. Aber für meinen Vater las ich nicht gut genug, ausdruckslos, langweilig, wie er es nannte. Es fehle an Wohlklang, an Betonung, es fehle an Ausdruck.

Bei einem Lesestück, das ich kannte, das ich schon ein- oder zweimal gelesen hatte, da ging das vielleicht, und bei einem Lesestoff, der meiner Vorstellungswelt entsprach, auch. Aber legte mir mein Vater ein unbekanntes Stück vor, dann las ich weniger flüssig.

Was man nicht kann, so Vatis Grundsatz, das muß man üben. Er verordnete mir täglich zusätzlich eine Lesestunde, und zwar laut. Danach hatte ich den Erfolg zu demonstrieren. Der fiel zumeist kläglich aus, weil ich Texte bekam, die mich nicht interessierten. Anekdoten über den Alten Fritz, Geschichten aus dem Siebenjährigen Krieg oder für mich damals unverständliche Balladen suchte er aus. Ist es da verwunderlich, daß mir der Weg, eine glückliche Leseratte zu werden, verbaut wurde? Mit Märchen, mit Erich Kästner, mit Lederstrumpf oder Karl May wäre es bestimmt besser gegangen. Kästner und Karl May blieben mir vorenthalten, bis ich »groß« war, und heute liegt auf meinem Nachttisch immer ein Karl May, den ich lese, bevor ich einschlafe. Und Erich Kästner lese ich gerne vor, wenn wir mit Freunden in gemütlicher Runde zusammensitzen.

Und dann war da noch das Kreuz mit dem Einmaleins. Der Leser möge mir glauben, ich konnte es wirklich, doch »im Schlaf«, wie ich es hätte können sollen, ganz ohne nachzudenken, oder militärisch ausgedrückt »wie aus der Pistole geschossen«, so gut konnte ich es wiederum nicht. Und deshalb, wie konnte es anders sein, deshalb mußte geübt werden. Und es

wurde geübt! Beim Essen, auf einem Spazier-
gang, beim Kirschenpflücken oder auf der Jagd
wurde ich unvermittelt gefragt, wieviel 7×8
oder 4×9 seien; ich mußte die Reihen aufsagen,
schnell und ohne Fehler. 7×8 kam damals selten
» wie aus der Pistole geschossen«, dafür kann ich
es aber heute »im Schlaf«.

Vollends brach die Katastrophe über mich herein, als ich beim Weihnachtswettrechnen nur
den dritten Platz erringen konnte. Diese Geschichte ging mir damals so nahe und hat mich
bis heute nicht losgelassen, daß ich sie schon einmal unter der Überschrift »*Der nackte Weihnachtsmann*« veröffentlicht habe. Sie soll hier so
wiedergegeben werden, wie ich sie damals
schrieb. Der Knabe Michael war natürlich ich.

Aber bitte lesen Sie die Geschichte:

*Michael hatte sich schon immer gewünscht, bei einem
Wettbewerb mal auf dem Siegertreppchen zu stehen,
um sich bewundern zu lassen. Er war doch tüchtig, er
war brav, aber bewundert oder gelobt hatte ihn noch
niemand. Es mußte ja nicht einmal der erste Platz
sein, ganz oben auf dem Podest. Nein, ihm hätte auch
der zweite oder der dritte gefallen. Da Sport nicht
gerade seine Stärke war, hatte er bei derartigen Wett-*

kämpfen einfach keine Chance, so sehr er sich auch anstrengte.

Und da bot sich ihm plötzlich eine ganz andere Möglichkeit, nämlich Sieger beim Rechenwettbewerb in der Schule zu werden. Sein Vater, Michaels Lehrer, hatte sich nämlich einfallen lassen, das Einmaleins wettkampfmäßig abzufragen. Das teilte er seinen Schülern kurz vor Weihnachten mit, und auch, daß er Preise für die Sieger ausgesetzt hatte; wohl in der Hoffnung, den Fleiß in der Vorweihnachtszeit nicht ganz einschlafen zu lassen. Hier sah nun Michael seine Stunde gekommen. Spannungsgeladen erwartete er den Rechenwettkampf.

Die Rechenstunde war angebrochen. Auf dem Pult standen drei Weihnachtsmänner. Der eine war in Goldpapier verpackt, der zweite in Silberpapier und der dritte war nackt, ohne Papier, nur aus Schokolade. Fünfzehn Schüler waren zu dem Wettbewerb angetreten. Es wurden drei Gruppen gebildet, aus je fünf Schülern. Dann wurden die Aufgaben gestellt. Wer zuerst antwortete (richtig, versteht sich), bekam einen Punkt. Michael hielt sich eisern. Seine Antworten kamen schnell und waren richtig. Er wurde Gruppensieger und zog ins Finale ein. Da es aber nur drei Gruppen waren, war ihm ein Platz auf dem Siegertreppchen schon sicher. Mehr wollte er eigentlich nicht, doch jetzt packte ihn der Siegesrausch, jetzt wollte er Erster werden, wollte ganz oben auf dem Treppchen stehen. Alle sollten ihn bewundern!

Michael kämpfte mit letztem Einsatz um den ersten Platz. Alles sah gut aus. Im allerletzten Augenblick jedoch machte er einen Fehler, und gleich danach noch einen. Sieben mal acht waren nicht fünfundsechzig, und acht mal sieben auch nicht. So landete er »nur« auf dem dritten Platz. Nach kurzer Enttäuschung entsann er sich, daß er ja nur den dritten Platz wollte. Fast freute er sich schon.

Der Sieger wurde besonders gelobt und bekam aus der Hand des Lehrers den goldenen Weihnachtsmann. Der Zweite wurde ebenfalls gelobt, weil er Außenseiter war. Der Dritte war Michael; er bekam statt lobender Worte nur zu hören, wie sehr er doch seinen Vater enttäuscht habe, und man eben noch fleißig weiter üben müsse. Der Weihnachtsmann, den er sich noch dazu selber nehmen mußte, fiel ihm aus der Hand, und weil er nackt war, zerbrach er in mehrere Stücke, die auf dem öligen Fußboden herumlagen.

Michael war traurig. Die Tränen standen ihm in den Augen. Er wagte es nicht, sich nach den Schokoladenstücken zu bücken. Da kam Erich, sein bester Freund, auf ihn zu. Der hatte als Außenseiter in diesem Wettkampf den zweiten Platz errungen. »Nimms doch nicht so schwer, du hast dich doch nur verplappert. Und nun iß mit mir den Silbernen, denn dazu sind Weihnachtsmänner aus Schokolade doch da, oder?« Michael bückte sich nun, um die größeren Stücke seines Nackten vom Fußboden aufzuheben. Dann saßen sie auf der Treppe und aßen beide Weihnachtsmänner, zuerst den öligen und dann den anderen.

UM WEIHNACHTEN HERUM

Wenn sich das Jahr dem Ende zuneigte, wurde es überall ruhiger. Die Feldarbeit war getan, der erste Schnee fiel vom Himmel, Felder und Wiesen wurden von Schnee langsam zugedeckt. Bald waren nur noch die kleinen Seen, die Flüsse und Bäche frei. Ab Dezember dann war auch ihr Vorhandensein nur durch den Uferbewuchs zu erkennen. Auch sie ruhten unter einer festen Eisdecke und darüber lag Schnee, viel Schnee. Weihnachten ohne Schnee war undenkbar. Auch die Häuser trugen eine dauerhafte Schneehaube, die Bäume und Sträucher waren mit Schnee beladen und jeder Pfosten, jede Zaunlatte trug ein Häubchen aus Schnee. *» Leise rieselt der Schnee «* sangen wir in der Schule, und leise rieselte der Schnee zumeist wirklich über das Land. Nur gelegentlich gab es Schneestürme. Dann allerdings war alles verweht, alles eingeschneit. Die Haustüren ließen sich nicht öffnen, weil der Schnee bis unter die Fenster reichte. Die Wege vom Haus zum Stall, zur Schule oder zum Nachbarn mußten zuerst freigeschaufelt werden. An solchen Tagen fror das Leben buchstäblich ein, ein eisiger Ostwind pfiff und brachte immer neue Schneeschauer heran; man saß in der Stube oder in der Küche hinter dem Ofen. Die Mägde strickten warme Socken oder Fäustlinge, sangen Küchenlieder oder erzählten aus früheren Zeiten. Im Freien wurde nur das Nötigste erledigt, bis sich, oft erst nach Wochen, die Lage wieder normalisierte.

Aber solche Winter waren die Hinterpommern gewöhnt. Schneetreiben gab es in jedem Jahr; mal besonders heftig, mal weniger »grob«; zumeist im Januar oder Februar.

Der Schnee in der Vorweihnachtszeit, der da noch nicht so hoch lag, diente uns Kindern zur Einstimmung auf Weihnachten. In der Schule begannen die Vorbereitungen für die große Schulweihnachtsfeier, die alljährlich im Klassenraum der Schule stattfand. Wer zu dieser Zeit an der Schule vorbeikam, der hörte, wie Weihnachtslieder geübt wurden, wie das Krippenspiel geprobt wurde, und der vernahm schon vorher die »Frohe Botschaft«, die am Heiligen Abend im Krippenspiel von uns Schülern verkündet wurde.

Dafür erhielt das Schulzimmer eine Bühne, die Bänke wurden durch Stühle ersetzt und das ganze Dorf fand sich am 24. 12. um 16 Uhr in der Schule ein, um das Krippenspiel der Kinder zu sehen, und die Frohe Botschaft zu hören.

Danach zogen sich alle zurück und die Familien erwarteten zu Hause den Weihnachtsmann. Der erschien dann auch wirklich in persona mit einem großen Sack voller Geschenke; aber auch mit einer Liste voller Ermahnungen für das nächste Jahr. Stille Nacht, Heilige Nacht wurde noch einmal unter dem strahlenden Weihnachtsbaum gesungen, und dann war jeder mit dem Auspacken seiner Geschenke beschäftigt. Für uns Kinder war die Spannung unbeschreiblich. Unsere Wünsche gingen nämlich nicht immer in Erfüllung; manchmal war aber auch in dem Paket ein Geschenk, mit dem man nicht gerechnet hatte.

Nach einiger Zeit wurden dann alle zum Festmahl gerufen. Die Weihnachtsgans, der Weihnachtskarpfen, Wild und andere Köstlichkeiten wurden aufgetischt. Den Abschluß bildete der große bunte Teller mit Apfelsinen, Würzgebäck, Lebkuchen, Äpfeln und Nüssen, Feigen und Datteln. Den bekam jeder zur freien Verfügung; wir Kinder mit dem Bemerken, nicht gleich alles aufzuessen. Danach wurden wir ins Bett gesteckt.

In Hinterpommern feierte man drei Weihnachtsfeiertage. Der erste war dem Kirchgang vorbehalten, am zweiten Feiertag empfing oder besuchte man Verwandte und der dritte gehörte den Freunden, mit denen man sich traf.

War das Fest vorüber, begann wieder der Alltag, doch ohne Hektik. Kälte und Schnee verhinderten größere Aktivitäten. Ließ es das Wetter zu, wurde Erdreich mit großen Pferdeschlitten auf die Wiesen gefahren, damit diese nicht versumpften. Das war wunderbar für uns Kinder. Wir hängten uns mit dem Rodelschlitten an und fuhren hin und her, bis wir fast vor Kälte erstarrt waren. Aber noch beliebter war das Rodeln auf der abschüssigen, festgefahrenen Dorfstraße. »Bahn frei, Bahn frei« ertönte es überall, damit diejenigen, die ihre Schlitten den Berg herauf zogen, nicht überfahren wurden. Die Rodelschlitten erreichten eine recht hohe Geschwindigkeit. Einer lag bäuchlings auf dem Schlitten, lenkte mit den Fußspitzen das Fahrzeug und der andere saß rittlings auf dessen Rücken. Dieser Reiter mußte das wichtige »Bahn frei« rufen. Das Schlittschuhlaufen fand bei uns auf dem Dorf weniger Anklang; vielleicht weil es uns zu mühsam war, die dicke Schneeschicht auf den Teichen und Bächen abzutragen.

So ein Rodeltag endete dann zu Hause hinter dem warmen Kachelofen, der uns Hände und Füße wohltuend erwärmte. Ich kann mir noch heute kein größeres Wohlbehagen vorstellen, wie damals, wenn wir dann in der Stube mit Nüssen und den Weihnachtsgeschenken spielten und Plätzchen und Bratäpfel futterten.

Damit ich nicht zu übermütig wurde, passierte mir wieder einmal ein Mißgeschick, das die schöne Zeit der Weihnachtsferien für einige Tage trübte. Ich muß davon berichten, weil solche Dinge wohl zu mir gehörten: Eines der schönsten Weihnachtsgeschenke für mich war ein Kreiselspiel. In einer Holzschüssel befanden sich kleine Kugeln, die durch einen Kreisel mit scharfen Kanten auseinandergetrieben wurden, den Schüsselrand hinauf, um dann in den angebrachten Vertiefungen liegenzubleiben. Je geschickter man den Kreisel betätigte, desto mehr Kugeln blieben in den Löchern hängen, die mit Zahlen versehen waren. Je höher das Loch in der Schüssel war, desto größer die Zahl. Ein wundervolles Wettkampfspiel, für Erich und mich und auch die anderen Freunde. Als ich mir den Kreisel einmal genauer betrachtete, sah ich, daß seine Spitze nur sehr kurz war. Das mußte so sein, wegen der Kanten, die ja die Kugeln trieben. Aber daran dachte ich nicht. Ich sah nur die kurze Spitze und meinte, sie müsse sich doch bei dem Dauergebrauch dieses Spieles abnützen. Um das zu verhindern, spitzte ich den Kreisel gehörig nach, wobei ich die Kanten abschnitt. Jetzt war alles verloren, weil das Spiel nicht mehr funktionierte. Meine Traurigkeit über diese Dummheit hätte als Strafe voll ausgereicht, ich hätte eher Trost nötig gehabt. Das Gegenteil aber brach über mich herein. Mein Vater wütete, nannte meine Dummheit himmelschreiend und sagte mal wieder voraus, daß ich höchstens das Zeug zu einem Schweinehirten hätte.

Warum gibt es solche Spiele eigentlich heute nicht mehr? Ich würde ein solches Kreiselspiel so gerne meinen Enkeln schenken, um mit ihnen damit zu spielen. Das ist doch wohl besser als ein Game-Boy-Spiel, oder? Einen Ersatzkreisel aber würde ich immer in der Tasche haben, für den Fall, daß es bei einem Enkel auch nicht weiter als bis zum Schweinehirten reichen sollte.

Über Silvester weiß ich nichts zu berichten. Es gab Berliner Pfannkuchen mit Marmeladenfüllung, und mir gelang es, unsere Herta dazu zu bringen, für mich einige ohne den Schmadder herzustellen. Das ist auch schon alles. Knallerei gab es nicht. An die hätte ich mich erinnert, und daß die Erwachsenen viel getrunken haben, glaube ich auch nicht. Doch, beinahe hätte ich es vergessen: Die Mägde haben Blei gegossen und daraus ihre Zukunft abgelesen. Das war so ein Orakel wie das Osterwasser oder der Wacholderzweig, auf den man sich setzen mußte, um Diebe zu erkennen. Besonders beeindruckt haben mich diese Bräuche aber nicht.

Der Neujahrstag war wieder Kirchgehtag, und das Essen sowohl zu Mittag als auch am Abend muß man als Festessen bezeichnen.

Das war's wohl, was mir aus meiner Kindheit in Hinterpommern in Erinnerung geblieben ist. Nach mehr als sechzig Jahren habe ich es aufgeschrieben, damit es nicht verlorengeht.

INHALT

Mannfried Pahlow

Kampfergeist und Anisöl

80 Seiten, Pappband
Salzers Kleine Reihe 218

Es war der typische Apothekenduft,
der schon dem Kind den Anstoß für
die spätere Berufswahl gab. Den
langen Weg bis zur eigenen
Apotheke schildert Mannfried
Pahlow mit frischem Humor und
dem Hintergedanken, daß der
Mensch unter dem weißen Berufs-
kittel genauso wichtig ist wie die
teuerste Arznei.
»Mannfried Pahlow führt den Leser
in die Welt einer Landapotheke und
erreicht mit großem sprachlichen
Geschick, daß man die Gerüche fast
zu riechen glaubt und sich wünscht,
von einem Apotheker der ›alten Art‹
bedient und umsorgt zu werden. «
                    GEW Jugendliteratur

Günther H. Ruddies

Das nächste Marjellchen, bitte

Ostpreußen zum Verlieben
152 Seiten, Pappband

Die ostpreußische Sitte, Töchter der
Reihe nach zu verheiraten, erfor-
derte manchen Umweg, an die
Richtige heranzukommen. Ging es
nach der Ordnung, kam zuerst die
Älteste dran, dann die Zweitälteste
und so fort. Heiratswillige Jung-
chen, aus der Reihe tanzend, wurden
abgewiesen. Der amüsierte Leser
erfährt nicht nur, wie es in dieser
Geschichte weitergeht, sondern liest
ebenso schmunzelnd vom Besuch
aus dem Westen und den unge-
wöhnlichen Gewöhnungsprozessen
an das paradiesische Landleben.
                    Die Künstergilde

EUGEN SALZER-VERLAG · HEILBRONN

Käthe von Roeder-Gnadeberg	Else Hueck-Dehio

Iluküll – ein Gut in Estland

Ja, damals

Roman
384 Seiten, gebunden

80 Seiten, Illustrationen, Pappband
Salzers Kleine Reihe 42

»Im Umbruch befindet sich diese Welt, in die 1936 die junge Waise Arina Linden eindringt – auf den Spuren ihrer Mutter, die 20 Jahre zuvor das elterliche Gut verlassen hat. Auf sich selbst gestellt, sucht das 17jährige Mädchen nun eine neue Heimat und entdeckt das malerische Panorama des Landes an der Ostsee. Wie in einem bunten Mosaik enthüllt sich ihr die Vergangenheit ihrer Familie, als sie das Tagebuch ihrer Großtante gleichen Namens entdeckt, die noch zu Zarenzeiten als Hofdame in St. Petersburg gelebt hat. Benommen von ihrer bewegten Lebensgeschichte erlebt nun auch Arina ihre erste und tiefe Leidenschaft mit dem Gutsbesitzersohn Thomas, die schon bald von den Zeitereignissen mitgerissen wird. «
    Badische Neueste Nachrichten

»Else Hueck-Dehio versteht noch die Sprache des Herzens, jene schier verloren geglaubte Sprache« schrieb Wilhelm Kempff in seinem Vorwort zu dem Bändchen »Ja, damals . . . «, in dem zwei heitere estländische Geschichten der glänzenden Erzählerin zusammengefaßt wurden. Beglückend ist die Wärme, mit der die Autorin das Leben im Baltikum in der »guten alten Zeit« nachgezeichnet hat, ob sie nun in »Taft zum Kragen« die Kümmernisse der jungen Pastorenfrau schildert oder in »Tante Tüttchen« in eines der großen, gastfreundlichen Gutshäuser führt. Immer wieder wird man dieses reizende, herzerfrischende Büchlein zur Hand nehmen.

EUGEN SALZER-VERLAG · HEILBRONN